宰相撑的什么船 在君相博弈中逆水行舟

宰相

陈华胜 著

ZHEJIANG UNIVERSITY PRESS
浙江大学出版社

图书在版编目(CIP)数据

宰相撑的什么船：在君相博弈中逆水行舟 / 陈华胜
著. —杭州：浙江大学出版社，2017.7
ISBN 978-7-308-16619-5

Ⅰ.①宰… Ⅱ.①陈… Ⅲ.①政治制度史—研究—中
国—古代 Ⅳ.①D691.2

中国版本图书馆 CIP 数据核字（2017）第 008185 号

宰相撑的什么船：在君相博弈中逆水行舟
陈华胜　著

责任编辑	谢　焕
责任校对	杨利军　田程雨
出版发行	浙江大学出版社
	（杭州市天目山路 148 号　邮政编码 310007）
	（网址：http://www.zjupress.com）
排　　版	杭州林智广告有限公司
印　　刷	杭州杭新印务有限公司
开　　本	710mm×1000mm　1/16
印　　张	14.5
字　　数	215 千
版印次	2017 年 7 月第 1 版　2017 年 7 月第 1 次印刷
书　　号	ISBN 978-7-308-16619-5
定　　价	42.00 元

目　录

第一章

落幕：中国最后的宰相

大清宣统三年的"一号文件"宣布将学习日本接轨世界，设立责任内阁，庆亲王奕劻被推上了内阁首相的位置，他能成为中国的伊藤博文吗？迎接他的是鲜花还是炸弹？

一

公元 1911 年，大清国宣统三年。这一年的年度事件之一是国家颁布了当年的"一号文件"：《新订内阁官制》。

这次的"一号文件"有别以往的惯例，非关农业，也不是国防，而是"人事"的改革。文件的全称叫《内阁官制暨内阁办事暂行章程暂行谕》，颁布的日期是五月八日。说它是"一号文件"倒不是因为发布的时间，五月八日之前朝廷已经发布过无数的"上谕"，但是无数个"上谕"都比不上这个"暂行谕"更受人关注。根据这份文件，大清国宣布"组织责任内阁，采取各国君主立宪之制"，具体的做法就是裁撤军机处，换之以 13 名国务大臣组成的责任内阁。

看起来很美。接轨世界了。

此时的大清国信息传播的速度已经远非雍正帝设立军机处靠着八百里加急驿马快递的时候可以比拟，31 年前挂牌的电报总局已经借助西洋人发明的电缆把信息的触角延伸至帝国的角角落落，京城的《邸报》以及洋人、华人创办的各类近代报刊更是很快把消息传得满城风雨。文件甫一出台，不用各级政府组织学习，全国的老百姓就都知道了。因为这件事太受关注了，大家翘首以待，期盼已久了。而对于这份文件，大清国其实也已经酝酿了很多年。

从鸦片战争起，大清国的那面龙旗就岌岌可危，历史书上说是"积贫积弱、千疮百孔"——"千疮百孔"当然是指国家的底子而不是那面旗子。按照儒家的说法，叫作国危思良相，然而光靠良相也不济呀，纵有李鸿章辈努力支撑，也不过换得个苟延残喘。你想，把个软绵绵的"好一朵茉莉花"都当作国歌唱出去了，还能撑到啥时候呢？所以还得靠改革机制。大清国的"公共关系专家们"为此早已做了不少舆论造势工作，公共关系的教材就是隔壁的近邻日本。这个一向以中华文明为师的东瀛小国，这个据传是一个骗子方士拐带着一批少男少女建立的国度，却在明治维新后蒸蒸日上，日俄战争中更是一战成名，打破了西人不可战胜的神话。可以毫不夸张地说，大清国的子民因日本战胜俄国而受到的欢欣鼓舞是丝毫不亚于日本本国的国民，北京当日的鞭炮甚至超过了东京，就是一个很好的例证。毕竟大家同种同源，从你的胜利中看到了我的希望。于是，清国上下关于"立宪致强"的舆论被激发得无比高涨。

立宪！立宪！大清国朝野的"公共关系专家们"联手将这个从来闻所未闻的名词炒成了这几年来的流行词。

光绪三十一年（公元1904年），九月湖广总督张之洞、两江总督魏光焘、驻法公使孙宝琦奏请立宪。

光绪三十年六月，直隶总督袁世凯、两江总督周馥、湖广总督张之洞又联衔上奏，请定12年后实行宪政，并敦请朝廷选派亲贵大臣分赴各国考察政治。

12年的准备期限定得不为不宽裕，那时候办事讲究雍容大度，一万年太久，但也不必只争朝夕，准备的时间还是宁长勿短；而分赴各国考察的请求看起来无非是一次游山玩水周游世界的美差，公费出国放眼看世界，倒也不受满族亲贵们的抵制。于是，被政体改革问题纠缠得恨不得"跳湖"了的慈禧老佛爷欣然依允，采纳其议，于六月十四日下诏派载泽、戴鸿慈、徐世昌、端方、绍英五大臣出洋考察政治。

然而事实证明，这一趟出洋远没有公费游山玩水那么轻松惬意，甚至还有些性命之虞。

两个月后，也就是八月二十六日，五大臣齐聚北京前门火车站，作揖打躬，迎来送往，热热闹闹地应酬一番，然后正欲登车启程，却受到了持不同政见的革命党人的炸弹袭击。革命党人混上列车本想是扔炸弹的，没

五大臣出洋的新闻照片

想到引爆器材质量不过关，火车司机的技术也不过关，在火车头与车厢挂钩时引起车身剧烈震动，就把炸弹给引爆了，成了自杀式"人体炸弹"。五位大臣倒没什么大伤害，但是行期却又延迟了两个月。这两个月里，出国名单也有了变动：尚其亨、李盛铎分别换下了徐世昌和绍英。绍英是受了伤，脸上挂花出去总不好看；徐世昌为啥被换下，不知道，只有老佛爷知道。可能是因为此公与袁世凯走得太近，而朝廷对袁某人已经有所戒心。当然了，徐世昌后来还要继袁世凯之后当中华民国大总统呢，也不能就此挂了。

十一月十五日，出洋考察的五位大臣终于分成两路：载泽、尚其亨、李盛铎赴日、英、法、比等国，戴鸿慈、端方赴美、德、俄、意、奥等国。吸取前次炸弹袭击的教训，他们不再隆重地搞出发仪式，悄悄地出城，一切从简。

五大臣出洋历时半年多，游历近20国，也算是大开眼界了，于光绪三十二年五月先后回国。爱新觉罗家族中的皇室新贵载泽随即递上了《奏请宣布立宪密折》。这份折子摆事实、讲道理，思想性、文学性兼备，并且把准备立宪的期限又建议缩短为5年。后来有人说，这份折子其实是大清国的通缉犯、宣扬君主立宪的"公共关系专家"兼大才子杨度捉刀的。

不管此说是否属实，反正"枪手"杨度很快被取消了通缉，并被赏戴四品顶戴，成了袁世凯等亲贵大臣府上的贵宾。

慈禧也十分重视这份奏折，7次召见了载泽等出洋大臣，并多次召集王公大臣御前会议，反复筹议后，于七月十三日颁发上谕，宣布"预备仿行宪政"，并且规定将从改革官制入手。

改革官制，意味着大清国众多的顶戴花翎就要发生变革，这当然是牵动人心的。而立宪所谓的"责任内阁"究竟是个什么东西，大家心里都没底，连出洋考察过的五大臣也莫衷一是。不管怎么样，且先保留"清国特色"吧，军机处以及由大学士们组成的旧内阁仍旧保留，且仍然作为中枢机构运作。其他的裁并、增设或者仅仅改个名字，洋气一点的跟国际接轨就行了：总理各国事务衙门改叫外务部，巡警部改为民政部，兵部改为陆军部，刑部改为法部。

这样的改制在庙堂之上倒是一团和气一致赞成，而处江湖之远的民间舆论领袖们则有些不太满意了。这些民间舆论领袖集中在风气开化的江、浙、沪地区。以曾经中过状元的大商人张謇为首，召集了郑孝胥、汤寿潜、张元济等一班知名士绅，于光绪三十二年（公元1906年）十一月，在上海宣布成立"预备立宪公会"，自发研究立宪问题，探讨立宪政治。由于袁世凯、端方等热衷于立宪的官员纷纷解囊捐助，又有梁启超、杨度等名满天下的大才子积极任事，所以这个"预备立宪公会"名义上是民间学术研究机构，实际上已经成为立宪派的大本营。

剃头挑子一端热，民间的热度要比官方更热。

立宪派都是一些"公共关系专家"，他们大力鼓吹"虚君政治""责任内阁""议会参政"，要求皇帝只作为国家的象征性元首，强调内阁制是由内阁总揽国家行政权力并对议会负责的政体形式。由于内阁制政府具有对议会全权负责的特征，故又称责任内阁、议会内阁。他们甚至以成立各地咨议局的名义排练起议会政治来，总而言之一句话，要求全盘西化。

1905年，大清国北方的邻居沙皇俄国也捺不住宣布立宪了，举国上下更是意识到"恍然知专制昏乱国家，不足容于廿祀清明之世界"。到了光

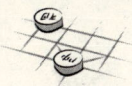

绪三十三年八月，以杨度为首的宪政公会首先向朝廷上书，要求开设民选议院，接着政闻社、预备立宪公会以及各省的立宪派代表也纷纷向清廷呈书请愿，要求早开国会。

那么清廷如何应对呢？

朝廷对于公共关系一向不够重视，而对自己的权威又太过重视。在满族亲贵看来，听任民间倡议对于祖宗家法来说简直是洪水猛兽，为了杀一儆百，清廷下令将上书请愿的法部主事陈景仁革职——你一个政府官员不跟朝廷保持一致，掺和在民间人士当中干什么？同时，又下令解散立宪团体"自治会"，查禁自治会的喉舌报纸《公民报》——基本沿用的是处理叛乱的一贯模式。

以往这样的做法必然会引起立宪派的反弹，不过这一回，立宪派却不好意思反弹了，因为，正在这个时候光绪、慈禧先后去世了。人死为大，何况是皇帝和太后，你不好再闹了吧。想当年，大清国立国之初，大才子金圣叹等一班人因"哭庙案"被杀头，罪名就是惊动了龙驭上天的顺治帝灵位。所以，立宪派们不管情愿不情愿，也只好先披麻戴孝再说。而朝廷则我行我素，预备立宪既然是朝廷的既定方针，那就按既定方针办，只是改革的设计要出于朝廷，由不得你们民间人士说三道四，越俎代庖。大清国在国际事务上不自信，但对国内统治一直还是蛮自信的，自信得有些蛮横了。

从1906年到1911年，预备期刚好如载泽所预言的5年，不过皇帝却已换了一任，从光绪到了宣统；太后自然也换了，从慈禧到了隆裕。预备完毕那就是正式立宪了。既然预备立宪是从改革官制着手，那么正式立宪当然也是从改革官制开始。于是就有了前文所述的"一号文件"。

二

官制改革是以日本为蓝本的。日本于1885年废除了延续千年的太政官制，建立内阁制度，以内阁总理大臣为首相，第一任的首相伊藤博文在大清国可是赫赫有名。那么，谁会是清国的第一任首相呢？

此前朝野上下早已热议这一人选：

袁世凯——这位创建了中国新式军队和新式警察的实力派人物本来是一个当然的人选。李鸿章、张之洞、刘坤一等一班老臣都辞世后，满朝文武在实力、才干与资望上谁还能望其项背？只是此公背了个戊戌政变中背叛光绪帝的罪名。其实这项罪名有些冤枉：袁世凯接到谭嗣同传递的光绪密诏后，为自己卷入帝后之争而惊慌失措没有行动倒是真的，至于主动出卖光绪帝其实他还没有这个胆，他只不过是当了一回鸵鸟，逃回天津躲了起来，等事发后硬着头皮去向上司荣禄自首了，荣禄保护了他。这恐怕更接近真相。但是光绪帝党既然把全部的希望都寄托在袁世凯身上，失望越大仇恨也就越大。作为光绪亲弟弟的摄政王载沣也将袁恨之入骨，几乎要拿他项上人头。袁世凯也只得称疾返回河南老家，隐居在安阳洹上村，韬光养晦。虽说有消息传出，袁在老家并不安分，还时刻关心政局，并与部下保持密切联系，伺机东山再起。但是这内阁总理大臣毕竟是要摄政王任命的，载沣可能去任命一个眼中钉肉中刺吗？肯定不会，老袁没戏。

大清钱钞上的摄政王载沣像

瞿鸿禨——此公17岁中秀才，21岁中举人，22岁又中进士，进了翰林院。光绪元年（公元1875年）大考翰林时，这家伙考列一等第二名。学问那真是没得说！曾经两充考官，四督学政，也当过军机大臣，是老佛

爷眼前的红人。但是学问好，书卷气也太重，在位的时候弄得与庆亲王奕劻和袁世凯等人势不两立，结果当然也是开缺回籍。所以他也不在朝，据说与王闿运等名士吟咏结社，逍遥度日，移居了上海。对于这么一个望峰息心的人来说，可能性恐怕也不大。但谁又能说他真的是望峰息心了呢？袁世凯不也正垂钓洹上吗？

康有为——这位名满天下的事实上的光绪"帝师"一手导演了戊戌变法，给中国社会带来了无数变革的风气。但是，他此时的身份却是朝廷的通缉犯。如果任命这样一个人出任内阁的首相，那就是对慈禧老佛爷的全盘否定。且不说慈禧的势力在朝廷里还盘根错节，摄政王载沣有这样大破大立的气概吗？此议显然行不通。

徐世昌——此人也是翰林院编修出身，还曾两度出任军机大臣，现为东三省总督，封疆大吏。从其中央到地方、文职兼武职的工作经验和年龄优势来说，当然是个合适的人选。问题是徐世昌是袁世凯的盟兄弟，袁系色彩太浓厚，恐怕朝廷也不会太过信赖付诸重任。

张謇——为什么不可能呢？虽说此公没在朝廷当过什么大官，但是他可是鼎鼎大名的状元公出身！在中国民间的心理衡量中，头名状元的威风甚至远远超过了得胜还朝的大将军。现在科举虽然已经废除，但是对状元的尊崇却更是物以稀为贵了。再加上，这位状元公还是个大实业家，这几年全国上下不都在讲实业救国吗？为什么不让一位大实业家来当家呢？这当然也是一种说法，但从政治上考量，毕竟不太现实。此公点了状元后，跟文武百官们跪在紫禁城内迎候老佛爷从颐和园回銮，跪了两个时辰就心生厌倦，口称"何苦来着"，不肯做官了，这样的人能胜任日常烦琐的政务？

孙文——甚至有人提到了这个名字。跟康有为一样，这也是一个通缉犯。与康有为的保皇立场不同，孙文倡导的是武装革命。在清朝当权者眼里，他就是一个"恐怖分子"。提议孙文出任首相当然不可能出现在朝堂之上，更多的是茶楼酒馆的民间议论。此议的出发点当然是化解矛盾，消除族群对立，化干戈为玉帛，达到"咸与维新"的目的。但是朝廷有没有这样的雅量？孙文有没有这样的兴趣？议论者全不负责任。

种种说法，种种议论，莫衷一是。

连保皇派的《时报》也搞起了内阁总理人选大竞猜。报馆收到读者有效票8357票，猜庆亲王、首席军机大臣奕劻的3734票，其后依次为载泽（摄政王载沣兄、度支部尚书）1942票、毓朗（宗室、军机大臣）417票、载涛（摄政王载沣弟、禁卫军大臣）124票。而袁世凯、徐世昌等呼声很高的汉族热门人选均不满10票。

"投票之券虽不及阅报者之半数，而得中者几达投票者之半数"——夸读者料事如神，不如说清室的把戏大家早已审美疲劳。

现在看来，《时报》这样轻佻地议论"国是"，恐怕也是替朝廷试探风声。

官家的权威说法很快出来了：宣统皇帝的亲生父亲、监国摄政王、代为海陆军大元帅载沣揭晓了谜底——

根据新官制方案，内阁由国务大臣组成，国务大臣以内阁总理大臣、协理大臣和各部大臣充任，内阁总理大臣1人，协理大臣1—2人，外务、民政、度支、学务、陆军、海军、司法、农工商、邮传、理藩10部大臣各1人，国务大臣均候特旨简任，辅弼皇帝，担负责任。

载沣公布的大清帝国第一届责任内阁13名成员名单是：

内阁总理大臣：庆亲王奕劻，皇族宗室。

内阁协理大臣：那桐，满洲镶黄旗人；徐世昌，汉族，直隶天津人。

外务部外务大臣：梁敦彦，汉族，广东顺德人。

民政部民政大臣：肃亲王善耆，皇族宗室，满洲镶白旗人。

度支部度支大臣：贝子衔镇国公载泽，皇族宗室，满洲镶白旗人。

学部学务大臣：唐景崇，汉族，广西灌阳人。

陆军部陆军大臣：荫昌，满洲正白旗人。

海军部海军大臣：郡王贝勒载洵，皇族宗室，满洲镶白旗人。

法部司法大臣：绍昌，皇族觉罗（皇族远支），满洲正白旗人。

农工商部农工商大臣：贝勒贝子溥伦，皇族宗室，满洲镶红旗人。

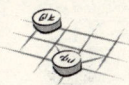

邮传部邮传大臣：盛宣怀，汉族，江苏武进人。

理藩部理藩大臣：寿耆，皇族宗室，满洲正蓝旗人。

读者诸君看出什么名堂来了么？

根据这样的改革设计，说是责任内阁，其实并不是对议会负责，而仍旧是辅弼皇帝，对皇室负责，这是其一；而该内阁成员 13 人中，汉员 4 人，其余 9 人均为满人，其中又有 7 人为皇族，这 7 人里 1 人为觉罗，其余 6 人皆为宗室，包括两个亲王，这就成了十足的"皇族内阁"，这是其二；13 人大名单中，奕劻为原领班军机大臣，那桐和徐世昌都是原军机大臣，其余诸人皆是原各部尚书，这等于是新瓶装旧酒、换汤不换药，原清廷的中央组织形式一点都没变，这是其三。

承担清廷政改承诺的新内阁未及登场，在一片哗然的舆论声中已近见光死。这样的改革当然与民间的呼声南辕北辙，而我们这一章的主人公庆亲王奕劻作为名义上的内阁首相也就被推到了风口浪尖。

奕劻能成为中国的伊藤博文吗？

不能，一定不能。因为这庆王爷的名声可实在不大好。

奕劻是乾隆帝第十七子永璘之孙，原来只是一个郡王，因为出力替慈禧办六十大寿讨得慈禧的欢心而被封为庆亲王，成了慈禧面前的红人。四年后又被封为"世袭罔替"的"铁帽子王"。什么叫"世袭罔替"啊？按照继承法，亲王的儿子继承爵位时要降一等为郡王，郡王的儿子则降为贝勒，也算是控制数

庆亲王奕劻

量，以免到后来王爷太多，扔块砖头砸到的都是王爷。而"世袭罔替"则是不用降级继承，亲王的儿子仍旧继承为亲王，这顶王帽你们家铁定戴下去了。

奕劻此时已 75 岁，在皇族中的辈分倒是很高，跟咸丰帝一辈的，但

是他除了能拍慈禧的马屁,其他方面的才能十分庸碌,而且此人为官贪鄙,身为领班军机大臣,竟与其子载振以及那桐卖官鬻爵,被时人讥为"庆那公司"。关于他贪赃的传闻倒是传了不少。

有个叫沈幼岚的人想抱住庆亲王这棵大树得以升迁,但屡次求见皆被拒之门外。同乡某御史就对他说:"奕劻之门不难进,但必须花费巨款方能开。"沈幼岚恍然大悟,拿着两万两的银票送给庆王府的看门人,说:"这是小意思,给王爷买些果品。"——"买些果品"就出手两万两,这样的土豪当然受人欢迎。看门人进入报告,奕劻竟然亲自出来迎接。土豪沈幼岚又惊又喜。而更让他受宠若惊的是,告辞后,奕劻又亲自送出门外。沈幼岚出来逢人即说:"金钱魔力竟然如此巨大!"——从来,土豪的嘴巴都不是很紧的。但是没关系,没几天,他就得到了升迁。

这位庆亲王如此见钱眼开,当然是敛财无数,据说,单单存在汇丰银行的银子就超过百万。道员吴懋鼎曾经担任过汇丰银行的会计,将这个消息透露给了御史蒋式星。蒋御史就弹劾奕劻贪赃,并举汇丰银行的存款为证。这么一来,实名举报,朝廷就不得不反腐败了,命尚书鹿传霖、左都御史溥良组成工作组查办。奕劻倒也着急了,想着要摆平此事。找谁来摆平呢?蒋式星?显然不行,即便他撤销弹劾,可查办的事情已经是"现在进行时"了。两位查办大臣,倒是可以考虑打点一下,但兹事体大,证据摆在那里,他们有心帮你遮盖也遮盖不了。最后想到关键角色还是那个消息的源头吴懋鼎。于是,奕劻也顾不得身份地位的悬殊,亲自将吴懋鼎约出来,许诺将汇丰银行的一半存款送给他,请他帮忙销毁证据。吴懋鼎检举庆亲王本来也是存心黑吃黑,见此情形,当即答应,于是就把奕劻在汇丰银行的存款分散到其他人的名下。洗钱洗过了,等鹿传霖来查,自然就查不出来了,鹿也不想得罪奕劻,就以"查无实据"结案上奏。结果,反而是举报人蒋御史因"举报不实"受累被免去御史之职,发往翰林院回炉学习去了。被吴懋鼎写在别人名下的存款,据说到了民国时期都没人去认领,便宜了汇丰银行。

类似的故事,在京城官场与民间都已成为谈资,这样的人担任首相,

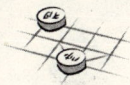

岂能有孚人望？

不要说朝野一致不看好，连他自己都不看好。

慈禧一去世，他的靠山就倒了，清廷也从一言堂变成了辩论会。亲贵中，载洵和毓朗一党，载涛和良弼一党，善耆、溥伦、隆裕、载泽各一党，载沣那个很有事业心的福晋也搞了一党，好歹她是皇帝的亲妈！"而庆邸（奕劻）别树一帜，又在七党之外"。名义上的"董事长"、摄政王载沣连看见自己那个当了皇帝的儿子也会紧张，一会儿对两边全说好，过一会儿又全办不了，弄得各伙人对他都不满意。庆王爷这点事理还明白，他知道这个既非传统亦非现代的"四不像"宰相不好当，弄得不好还会吃革命党的炸弹，所以，名单公布的第二天，1911 年的五月九日，载沣就收到了奕劻以及两位助理那桐、徐世昌的奏疏，三人异口同声，声称难胜重任，恳请收回成命，允许辞职。

虽说中国人历来有表示谦虚的做派，连用尽阴谋阳谋抢夺人家江山的篡位者面对禅让那一出也要接连表演几次不敢当。但这次奕劻他们恐怕不是假戏真做，要不然也用不着三个人一起谦虚，奕劻一个人负责"谦虚谦虚"也就够了。载沣当然知道他们是不肯出力，所以很生气，当即驳回了三人的奏疏。

没想到第二天，庆王爷又上疏了，仍然要求辞职，并声称："诚不欲开皇族内阁之端，以负皇上负天下臣民之望。"——这叫什么话！天下人批评这个内阁是皇族内阁也就算了，怎么你庆亲王自家人也来指责起皇族内阁了。这个老滑头，真是随风一边倒！载沣在心里骂着，心想你不愿意当，老子还非要让你当！驳回，仍是驳回！

奕劻老而不死，长期把持中枢要纽，在朝中势力盘根错节，与袁世凯等汉人实力派关系也非同一般。慈禧到晚年都拿他没辙，载字辈的小朋友们干不过又气不平。载沣让奕劻当内阁总理大臣倒也不是信任他，而是摆不平又找不好，所以要拿他来挡一挡。

载沣铁定了心要搞皇族内阁也是有他的原因的。

庚子年闹义和团，把德国公使给打死了。光绪二十七年（公元 1901

13

年），作为光绪皇帝异母弟弟的载沣受朝廷派遣，以头等专使大臣的身份出使德国，说到底其实就是赔礼道歉去的。不过德国人倒没有难为这位当年年仅19岁的中国皇室成员，而载沣对德国皇室至高无上的权势威望也印象颇深。他曾私下向德国亲王威廉·亨利讨教，亨利亲王以"欲强皇室，须掌兵权；欲强国家，须修武备"相告。载沣如获至理名言，从此将强皇室奉为了金科玉律。

载沣出使德国时的照片

宣统即位，载沣登上监国摄政王的宝座成为帝国的实际统治者后，他立即着手加强皇族地位，巩固专制统治，如罢免北洋领袖袁世凯，设立直属于摄政王的禁卫军，任命自己的弟弟载洵、载涛分别为海军部大臣和军咨府大臣，等等。对于载沣此举，朝野本来就已多有异议，但载沣一意孤行，推出皇族内阁就是他的最后一着棋子。

拗不过监国摄政王，皇族内阁只得宣誓成立。勉强合了个影，从留存今天的照片上可以看出，其中神情最为凝重的就是正中央的新任首相大人、庆亲王奕劻。

国人千呼万唤的责任内阁竟然以这样的面目粉墨登场，令国人大失所

大清内阁合影

望，海内外舆论一片哗然。连日本前首相大畏重信都评价说："揆之立宪国皇族不当责任之例，实不相符。其真正之改革尚需俟诸今后。"英国的《泰晤士报》则更直截了当地批评说："此新内阁不过为旧日军机处之化名耳。"两广总督张鸣岐也上书称："立宪国之原则，皇族不掌政权，故世界立宪之国，皆无皇族总理内阁之成例。"

其实，此番争议的实质还是皇权与相权的分割问题。按照载沣的设计，所谓内阁的相权其实仍旧是皇权的附庸，甚至连附庸都说不上，简直就是摆设；而立宪派们心目中的内阁，则应是独立于皇权之外、向代表全国人民的议会负责的行政主体。一种是传统思路下的权力的垂直设计，一种是变法图强的权力的平行设计，这是两种路径、两条路线的斗争，两种设计风马牛不相及。

但是朝廷对海内外舆论充耳不闻！已经说过了，清廷在国内还是很强势的。

即便如此，立宪派仍想以温和的手段推动清廷有所改变，六月十日、七月四日，各省咨议局联合会两次上书，请求"于皇族外另简大臣充当组织内阁之总理"。

立宪派的要求已经退让到仅仅要求更换总理大臣，而总理大臣奕劻本人也千方百计地想要辞职。这不两相情愿了嘛！然而载沣却不情愿，他先是把咨议局议员们的联合上书"留中"不发，置之不理，继而更是下诏斥责议员们"议论嚣张"。

仅仅要求换掉老弱多病且名声不佳的内阁总理大臣这一最低级的改革要求也被清廷无情地拒绝了。诏书一下，立宪派中的许多人对清廷宪政的最后一点希望和幻想都破灭了。他们转而支持革命。曾经为立宪派领袖人物的梁启超就愤懑至极地表示："诚能并力以推翻此恶政府而改造一良政府，则一切可迎刃而解。"——他老兄一双握笔杆子的手都恨不得去扔炸弹了。

而早在清廷公布皇族内阁名单的前一天，令清廷头痛万分的革命党领袖孙中山就在美国芝加哥通电全世界，宣布革命宗旨，继续准备发动革命了。

而奕劻本人，一方面从心底里不愿赶这蹚浑水；另一方面，他对于不让自己负责军事也很不满意，所以也消极任事，甚至对军事上的事不再署名，以表示不负军事责任。奕劻也知道，载沣不是存心帮自己，而是拿他老头子在当挡箭牌。事实上，载字辈的小朋友千方百计地从内阁里分权：载沣另立中央军事管理机构——军咨府，其弟载涛任军咨大臣，军权绕过了内阁。奕劻要管军队，载字派的陆军大臣荫昌就反问他："军咨府大元帅是否在内阁总理之下？"

内阁名义上是他当家，军咨府是听载涛的，而载泽又以分管财政的度支部为根据地时刻准备夺权。三权分立没有做到，三派分立倒做到了。

新内阁首次会议只研究了"吏礼两部、都察院、翰林院裁撤问题"，最后决定"暂缓"——议了半天等于没议。

老滑头奕劻彻底消极怠工，议会一开会，他就生病请假，一旦闭会，便立刻销假。他自己说："非不欲报国，实因病体难支……且立宪国内阁，

必有操纵舆论之大力，方能为所欲为。今余不论何事，反为舆论所攻击，殊觉难堪。"

后面一句话说出了请假的真相，姑且不论"操纵舆论"的说法对不对，但奕劻为舆论之不待见，则是他自己也心知肚明的了。

奕劻从灵魂到面貌都陈腐不招待见，那么，如果换一个形象气质俱佳的偶像派王子载泽呢？"载泽公为王族中有气品之人。"如果载泽出任总理会怎样呢？这是当时的报纸很喜欢讨论的一个伪命题。

据说载泽考察英国时，英国人给他讲三权分立、上下议院、政府组织、财政预算、国防安排等等，整整讲了一天，而好学生载泽记了洋洋洒洒15000字的学习笔记。

这样一位好学生你们应该满意了吧？奕劻自己称病要辞职，下台前却推荐载泽当总理。老狐狸不是没有算盘，他这是以其人之道还治其人之身：全国的舆论炮轰皇族内阁、皇族总理，他这么做是要把载泽推到风口浪尖去。

载泽也是明白人，此刻去当总理那是被人架在火上烤，那是要成为众矢之的。现在，轮到他称病了。

大清國欽差專使大臣載澤

载泽

载沣独揽大权，奕劻消极怠工，摄政王治下的首相内阁注定了只能成为聋子的耳朵，而首相奕劻事后的最大作用也就是为大清国的覆亡背黑锅而已。这位庆亲王病逝后，谥号是"密"，是清代亲王中谥号最差的一个，根据《谥法》，"追补前过曰密"。即便这样，溥仪在《我的前半生》一书中交代，他还觉得便宜了奕劻，依着他的性子，非要给个"谬"、"丑"、"幽"、"厉"等恶谥才解恨。

其实，严格来说，奕劻并不是中国历史上最后的宰相，中国历史上最后的宰相正是大清国的最后颠覆者袁世凯。

当武昌战事一起，载沣主导的政局马上失控。而名义上的首相庆王爷连军事文件都不肯签署，你还指望他指挥平叛？没奈何，还得请北洋的祖师爷老袁出马。于是，袁世凯的改组内阁宣布成立。

如果说当年的袁世凯还有在大清皇帝领导下变法立宪做一任中兴宰相的想法，那么经过载沣上台那一出惊险的"捉放曹"，此刻的他倒是铁了心要做曹操了。于是他一边让冯国璋带着北洋军打打停停，见好就收，赚些谈判资本；一边加紧与革命党南北议和，准备彻底抛弃孤儿寡母了。终于，在中国最后一任宰相袁世凯手里，"宰相"这个词成了历史名词。

在继续专制与开放立宪的抉择中，大清朝与延续其国运的最后一次机会擦肩而过。

三

专制与立宪的矛盾，说到底是专权与分权的主张不同。大清朝祖训："黎明即起，万机待理，勤政爱民，事必躬亲，子子孙孙，不可忘乎！"——"事必躬亲"被公然当作一朝的教条。我们现在说清朝的皇帝普遍勤政，较之明朝皇帝可以十年、二十年不临朝，好像是进步了不少。但是"勤政"与"事必躬亲"其实是两个不同的概念，勤政自然值得褒奖，而事必躬亲、大权独揽，视天下民智为无物，则倒恰恰成了清朝覆亡的原因。

钱穆在《中国历代政治得失》一书中说："拿历史大趋势看，可说中国人一向意见，皇室和政府是应该分开的，而且也确实依照此原则而演进。皇帝是国家的惟一领袖，而实际政权则不在皇室而在政府。代表政府的是宰相。皇帝是国家的元首，象征此国家之统一；宰相是政府的领袖，负政治上一切实际的责任。皇权和相权之划分，这常是中国政治史上的大题目。"

按照钱穆的说法，这种皇权与相权的划分其实已经非常接近现代西方的君主立宪制。西方的君主立宪制当然是近几百年才有的产物，而中国的

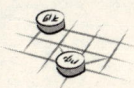

宰相制度从其溯源来说，一开始似乎就已接近分权的思想，何以演变两千年，却渐行渐远，掉头去了专制集权的方向？最后随着大清的覆亡，议会政治兴起，历史似乎是画了一个圆圈，从终点又回到了起点。真是这样吗？

我们不妨循着历史的典章，去探寻一下中国宰相制度的沿革与演变，管窥君权与相权的合作与角力，从而对中国专制政治的走向找出一个清晰的剖面。

第二章

从一家之宰到一国之相

　　沿袭两千多年的宰相称谓竟然发轫于厨子、屠夫、司仪这样的贵族家奴。秦灭六国，化家为国，所有的贵族家庭都倒下了，只有一个家变成了国家，于是他家里的"宰"也就跟着升格成了这个国家的总管。

一

　　清朝雍正年间吕留良案中的钦犯、以岳飞后人作喻试图策反大将岳钟琪的狂生曾静曾经说过这么一句话："皇帝合该是吾学中儒者做。"他说："吾儒最会做皇帝，世路上英雄他那晓得做甚皇帝！"按照他的想法，"春秋时皇帝该孔子做，战国时皇帝该孟子做，秦以后皇帝该程（程颢、程颐）、朱（朱熹）做，明末皇帝该吕子（吕留良）做"。后来面对审讯，他说现实中的皇帝"在位多不知学"，所以不配做皇帝。

　　这当然是两千年绝无仅有的狂生之语了，弄得雍正皇帝哭笑不得，连杀他都不舍得，留给儿子乾隆去动手了。但是，曾静的话倒也点破了一个话题：由于世袭制，皇帝不可能个个都是贤能的人，皇帝不是个个都称职的。

　　皇帝不行怎么办？那就得靠宰相了。宰相制度对中国历史的影响丝毫不亚于皇帝制度。皇帝可以不贤，而宰相却必须尽贤。一旦宰相不贤，那么治理的合法性也就丧失了大半。由于这个原因，人们对宰相的关注甚至超过了对皇帝的关注，人们对宰相的期望甚至超过了对皇帝的期望。国家搞乱了，人们可以不指责皇帝，却必然指责宰相，明朝的亡国皇帝崇祯临死前还在抱怨："君非亡国之君，臣皆亡国之臣。"老百姓也都替他抹一把眼泪：是的！是的！

　　君主制度使得国家的主权归君主个人所有，君主本人作为独立的也是孤立的个人来掌握和行使这一特殊的权力。君主们为此找到的借口是"君权神授"，他们——也只有他们才是天上的神意在人间的代表，因此凡间的众人都必须服从他们就像服从天上的神。从理论上讲似乎是讲得通了。但是，个人在行使庞大的国家主权时，无论如何都会受到精力、智力、能力、经验、学识等个人主观因素的限制，而不能运用自如；另一方面，个人掌握至高无上的国家主权，无疑给君主左右国家事务提供了最大的可能性和随意性，这种可能性和随意性也包含着君主个人偏离乃至背离整个国家机器运转原则与方向的情形，比如桀、纣的亡国。历史发展到这一步——阶级统治必须借"一人"来实现，而国家机器又不愿意也不允许被"一人"轻而易举地毁灭掉，总希望把君主的言行和影响力限定在一定的合乎规矩的范围内。因此，在无边巨大的权力与个人主客观限制之间、在国家总体利益与君主个人秉性好恶之间的双重矛盾之中，集辅佐"一人"与制约"一人"双重功能的宰辅制度也就应运而生了。

因为担负着辅佐和制约的双重使命，相权与君权就成了一对矛盾，在相辅相成的同时也伴随着相互的斗争。

二

宰相，这究竟是怎样一个职位，以至于要对天下兴亡负起责任来呢？

对于这个职位，似乎大家都知道，如果问起过去官场中最高的官是什么官，大约十有八九会说是"宰相"。可是实际上，宰相作为正式官职，是辽代的事。元代的"八府宰相"，听起来官很大，其实只是负责礼仪的官。在大多数朝代，国家最高行政机构的首长并不叫"宰相"，至少正式名称并不是"宰相"。所以说，今人对宰相这个职位其实还是一知半解。

从有文字记载以来，我们知道的最高长官的正式官职称"尹"。甲骨文中的"父"字图形是一只手举着一个杖，表示父亲在家中支配一切，定下规矩，以手中之杖督促家人，谁不好好的就打爆他的头！而"尹"字与"父"字相近，只是手中的杖更大些。杖更大，当然管的人也就更多。如果在"尹"下面再加个"口"字，就成了"君"，《说文解字》说："君，尊也。从尹，发号故从口。"——君是用嘴巴发号施令的人，而尹是要动

手执行的。这样的字面理解可以说已经非常形象与深刻了。

中国历史上第一位有名的尹名叫伊尹。他的本名叫挚，因为生于河南商丘的伊洛流域，便以伊为姓氏。能够说得出他本名的现在已经少有人在，因为大家一直都称他伊尹，也就是"伊总理"。

伊尹原本只是有莘国的一名奴隶，商国的成汤娶了有莘国的公主，他被作为陪嫁的奴隶来到商国。成汤是商国的君主，又称商汤，也叫汤武王，甲骨文里还称之为唐、大乙、天乙、成等。一个人拥有这么多名字，一定很了不起。

伊挚据说很会做菜，他同时也是中国历史上第一位有名的厨师。但菜做得再好，人家习以为常了也不当一回事。为了引起商汤的注意，伊挚耍了个小心眼，有时候故意把菜做得过咸或者过淡，招惹商汤找他谈话。等到领导找谈话，表现的机会就来了，伊挚开始高谈阔论："做菜不能太咸，也不能太淡，只有把佐料放得恰到好处，菜吃起来才有味道。治理国家也是如此，既不能操之过急，也不能松弛懈怠，只有恰到好处，才能把事情办好。"总而言之一句话："治大国如烹小鲜。"

这一番话出自一个烧菜的奴隶之口，太让商汤刮目相看了！

商汤王爱吃他做的菜，并且相信能调和诸种味道的人也必定能协理众事。（幸亏商汤的逻辑学没有遗传，要不然，后世管事的都是厨子了倒也不大妙）那时候的用人制度也灵活，商汤一句话，就解除了伊挚的奴隶身份，并聘请他担任商国的"CEO"，他从此改称伊尹。伊尹烧饭的锅子——鼎，也被视作为国家权力的最高象征。

伊尹管理国家倒真的如烹调菜肴一样得心应手，汤王自己几乎不用再操心国事。伊尹帮助商汤制定了各种典章制度，筹划着进攻夏朝的计划。

伊尹

天锡阿衡庄右商王
忠光日月肩咨调羹

伊尹

夏朝的最后一任王叫履癸，因为他残忍暴虐、杀人如麻，所以在死后被称为桀。我们姑且现在就叫他夏桀，因为他的名字实在太难叫。

据说夏桀力大无比，一个人就能生擒野牛和老虎，堪比"人猿泰山"，而且也很聪明，颇有才智，简直是文武双全。这样的人在冷兵器时代太难对付了。所以，在伐夏之前，伊尹作为间谍去夏王的都城里长期潜伏了三年，回来报告说——时候还不到。他的潜伏时间也真够长的，说明当时商国内部也真没什么事，以至于一个"总理"可以缺岗三年。此举又为他创下了一个第一：他是中国历史上第一位著名的间谍。

夏桀估计也察觉到商汤的一些动静，趁商汤去朝见的机会将商汤囚禁了起来，关在河南禹县一个叫夏台（也叫钧台）的地方。伊尹于是急忙搜集珍宝财物与美女，赶去夏王都城进献给夏桀，把商汤给"捞"了出来。自古捞人的手段大同小异，但这件事却使各地诸侯对夏桀更加反感：你一个大王还这么贪财，这么没有原则！于是好多诸侯背叛了夏桀，转而附从商汤，据说在同一天里去商汤处贡献礼物表忠心的就有五百国之多。那时的诸侯可真多，估计一个村、一个乡镇就是一个诸侯了。

过了若干年，商汤又准备伐夏了，伊尹再次去当间谍，这回他侦察到夏桀已无法调动"九夷之师"——主力部队了，就回去报告说可以了。于是，商汤大举伐夏，最终消灭了夏桀，建立商朝。

商汤死后，因其长子大丁早死，大丁的弟弟外丙、中壬相继为王，伊尹继续辅佐着商朝的第二代、第三代君王。三任商君都做撒手大掌柜，管理国家的事情都交给"伊总理"去做，君臣相处得相得益彰。但是太过安逸了也不好，君主好像寿命都不长，外丙死了，中壬又死了。伊尹按照礼法决定立大丁的儿子太甲为王。等到商朝的第四代君王、商汤的孙子太甲继位，问题出来了。有种种迹象表明，太甲登上王位后，对推举他登位的伊尹却不大满意。君权与相权开始出现了冲突。这应该是我们所能知道的历史上第一次君权与相权的冲突。

伊尹接连写了三篇文章告诫太甲如何做好本职工作，但太甲心里不服气：管理天下就是我的本职工作呀，都被你做去了，我干什么呀？矛盾越

结越深，伊尹觉得不能再靠写文章了，于是在商汤王的墓地修了一座宫殿，叫桐宫，在今天河南偃师的附近，把太甲送去居住，其实就是软禁起来，让他闭门思过。这恐怕也是历史上第一次宫廷政变，但一直以来的舆论都站在伊尹这一边。太甲没办法，只好老老实实去做"宅男"，因为伊尹掌握着包括话语权和解释权在内的一切权力。第一次的君相冲突，居然是以相权的大获全胜而告结束。

此后伊尹就在国都会见诸侯，俨然以君主自居了。

如果伊尹一直这样下去，他的名声就会不大好。伊尹太聪明了，过了三年，他宣布说太甲已经悔过自新，可以"再就业"重新上岗回来做君王了。于是就把太甲接回国都。经过这一番软禁生涯，太甲看来是服了软，因为不久伊尹就宣布交出权力办"离休"手续了。太甲当然是让伊尹放了心。

伊尹的寿命真长！等到太甲都死了，他还没有死。可是到了太甲的儿子沃丁即位，伊尹就突然死了。死得很突然。沃丁以埋葬君王的礼仪安葬了这位百岁老人、商朝的"总设计师"。伊尹死后，天降大雾三日，当时人们说这是天在哀悼这位明德守礼、忠诚有才的贤相。可后世却有人说伊尹是被沃丁杀死的，老天爷愤恨不平才降大雾，就像窦娥死了六月降大雪一样——沃丁有没有作案的动机？倒是有的：一则是为父亲报仇，估计太甲被软禁在墓地时他小子也跟着受罪；二则是替自己扫除障碍，老而不死指手画脚多么令人讨厌！如果真是这样，那我们倒不妨把它看作是君权的一次疯狂报复了。

在早期的国家中，君主的国家元首地位和世袭身份都得到了确认，便有了分封诸侯贵族和任免国家官吏的权力。可是他的这种权力在实际中如何运作，在上古时代还不十分明确。当君主任命"尹"作为自己最直接的推行政令的助手后，就碰到了如何与"尹"分割权力的问题。这个问题其实困惑了中国官场几千年。从集权到分权再到集权，从起点到终点又回到起点，中国政治终于没有走出这个圆圈，也就没有走上另一条真正的民主之路。

沃丁杀害伊尹的说法当然没有多少证据，但至少深刻地揭示了君主与尹相之间的权力斗争。这种权力斗争似乎一直延续到商朝末年，商纣杀害首相商容、亚相比干的故事虽然更多地见于演义小说《封神演义》，但毕竟也是事实。

三

王朝兴替，继商而起的周朝取消了"尹"的称谓，而用"师""保""大宰"来代替。非常有意思的是，与周王朝分庭抗礼的南方楚国仍然沿用"尹"的称号，他们的行政首脑称"令尹"。楚国一直不承认周朝的王权，在春秋诸侯中唯有楚国是自称楚王的，楚文化是在周文化之外另成体系的一种独立文化。所以在中国的历史中，其实那个时期是周、楚并立，只不过周王朝的诸侯中出了齐桓公、晋文公这样的强势诸侯，打着"尊王攘夷"的口号，硬是把楚国也纳入了中华文化的大圈子。

周朝的"师"原意是周王的家庭教师，"保"的原意则是保姆之类的保护人，而"宰"的原意是指贵族公卿家的家臣总管。上古时候贵族家里最看重的事就是祭祀，而祭祀仪式前最重要的事就是宰杀牲牛。因为有了这一层象征意义，所以替贵族家庭当总管的就都称作"宰"。厨子之后轮到屠夫了。

不管是"师""保"还是"宰"，看来都是君主亲近的家里人，这种亲密关系是"尹"所不具备的，而以"师""保""大宰"三分"尹"的权力，是否也体现了周王试图平衡臣下的权力、维护自己王权的缜密心思呢？这样的设计，在维护君权、限制相权的同时，也开启了中国政治中官场斗争的历史。事实上，在"师""保""大宰"三个人中，必有一位最强势者，成为实际的"尹"。

周武王以姜子牙为"师"，尊称"尚父"。姜子牙凭此地位辅佐武王取得了对殷商作战的胜利，他本人也被封到了齐国去当诸侯，成了齐国的开山鼻祖。

周武王死后，他的儿子成王只有 13 岁，于是武王的弟弟、成王的叔

叔周公担任了"大宰"，而让另一个周
王宗室召公任"保"，并且规定周王的
直接管辖区域内"自陕以西，召公主
之；自陕以东，周公主之"，两个人把
中央权力给分割了。这样的安排当然有
把权力从非姬姓的姜尚手中悄悄夺回来
的用意，反正你也已经被封出去当诸侯
了，齐国的事由你说了算，中央的事情
就不劳你多操心了。所以，周王听政
时，周公立前，姜太公立左，召公立
右，史官立后，摆出了一个四人组成的
辅政班子的形式。而在前后左右中，置前的位置当然更加醒目。

周公

可能是因为当时时局太过复杂，也可能是周公觉得四人班子效率不
高，不久周公就宣布由自己代成王摄政了。这是历史上最早出现的"摄
政"字样。成王还是个小孩子，对此当然不能有什么意见。太公、召公好
像也没声音。没有声音就是默认，就是支持。但是被周公分封在外的几位
弟弟管叔、蔡叔、霍叔却起了疑心，怕周公将"不利于孺子"，这帮叔叔
寻机起事，要替小侄子讨公道。周公铁腕平叛，杀了管叔，囚禁了蔡叔，
把霍叔废为平民，取得了压倒性的胜利。

如果事情发展到此为止，那么周公也不会有多少好的名声。尽管他治
理国家时，"一沐三握发，一饭三吐哺"，洗一次澡、吃一顿饭都要被多次
打断，忙得废寝忘食。跟伊尹一样，周公的好名声还在于他在成王22岁
时又把政权还给了成王。君主世袭的制度一旦形成，并且还假托天命成了
天子，那么无论再强悍的相权事实上已经处于先天的劣势。

周的政治局面已经稳定，周公却不做天下第一人，他的这个举动与伊
尹相近，后人常把伊尹、周公并称，誉为宰相的楷模。可是从更长远的政
治发展来看，他们自行主导并自觉奉行的相权对皇权的退让，难道真是一
个好的历史选择吗？

汉砖中的周公吐哺图样

我们且从后面的历史中去寻找答案。

四

到了春秋时期，各诸侯国的行政首长被泛称为"执政"，而具体的官职名称又各有所异：晋国称"中军元帅"，楚国称"令尹"，郑国称"当国"，秦国称"大良造"，齐国称"相"……

我们在前面已经交代了"宰"，终于，这个"相"字也出来了。"相"字的本义是"副贰"的意思，相片、画像都是真人的副贰。它的产生还有一个故事。

据说殷商中期，商王武丁求贤若渴，每天做梦都记挂着"人力资源招聘"的事。有一夜做梦梦到上天赐给他一个贤人，醒来后就按梦中形象叫人画了画像，下令全国按图索人，终于在傅岩之野找到了一个正在服苦役做泥水匠的人，跟画中人一模一样。一问，那人名"说"，后世就以傅岩的地名为姓叫他"傅说"。

武丁找到梦中人后，如获至宝，立即赦免了傅说的刑徒身份，任命傅

说做"相"，并且对他说：我用你做相，就像磨砺金铁，用你做砺石；就像过大河，用你做舟楫；就像逢旱天，用你做甘霖；就像做甜酒，用你做发酵的酒曲；就像做香汤，用你做调味的盐和酸梅。你要做的，就是开启我的心扉，浇灌我的心田，就像药力不使人晕眩，疾病就除不掉；就像赤脚走路只有眼看着地面，才不至于碰伤了脚。

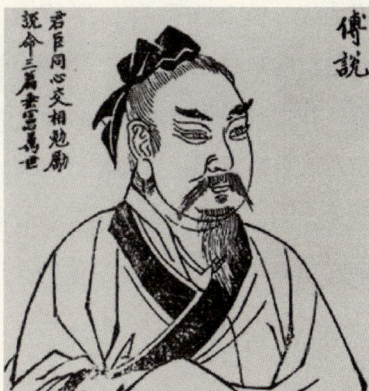

商相傅说

这一番激情洋溢的表白记录在史书中，看起来似乎武丁大王就是上古的一位诗人抑或正在舞台上表演话剧。我们今后如果看到有"启沃主心""盐梅帝道"这些字样的牌匾，你就应该知道在说什么了，都是从这篇告白中出来的，那是挂在宰相府第的，是对宰相的功能性比喻。

泥水匠兼苦刑犯傅说倒也不负众望，果然辅佐武丁搞出一个股商中兴的局面。傅说与伊尹一样，也就成了传说中的名相。

但是"相"这个官职在很长时间只是授给祭祀中在一旁当当助手、掌礼宾事务的小官的，类似于司仪，《论语》中公西赤说自己愿为"小相"就是这个意思。齐桓公时执政的管仲，职务是"大夫"，爵位是"下卿"，他辅佐齐桓公打出"尊王攘夷"的旗帜，使齐桓公成为春秋时代的第一位霸主。人们议论此事，想到了傅说的传说，于是就有了"管仲相齐"的说法，其实，管仲没有当过相。一直到了齐景公时，才把"相"作为了执政的正式官职。

但是，由于管仲的强大影响力，这一称呼还是很快流行起来。到了战国时期，各国在执政的官职称谓上多加上了"相"字，以突出诸官之首的意思。如赵国的行政首长称"相邦"，大将廉颇就任过赵国的"假相邦"——这个"假"不是真假的"假"，而是"兼"的意思。战国时期最早设相的国家是魏国，之后是韩、赵两国，秦国置相较晚，秦孝公时，商鞅由魏入秦，始为左庶长，后升大良造，当时秦国还没有设相，但是商鞅的地位已经相当于"三晋"的相邦了，所有史称"商鞅相秦"。其实，商鞅也没有当过相。后来，秦国的执政改称"丞相"，"丞"字也是副的意思，并含有辅佐之意，"丞相"并称，旨在强调此官职是君王的辅佐。秦设左、右两丞相，右相地位比左相高，但两相并置，实际上又是将行政权作了分割。只有南方的吴国，沿用古代的"太宰"作为行政首脑，收受越王勾践贿赂、害得吴王夫差国破身亡的奸臣伯嚭就是吴国的太宰。

五

"宰"原本是君王的家臣，从感情色彩上讲，与君王更亲近；"相"则比较庄重，突出其辅佐的地位。春秋战国时期的宰相一般都源于"士"。士是在奴隶制瓦解、封建制兴起的社会变革中形成的。其间，一部分贵族及其子弟因世袭制的覆灭而成为"士"，像汉初的张良祖上就世代为韩国的贵族；同时，出身庶民的人，也有跻身"士"的可能，如苏秦就是通过悬梁刺股的个人努力脱颖而出的。到了战国中后期，大多数担任"相"的人都不一定与君王有血缘之亲，甚至不是该国的人，像苏秦就担任过六国的相，你说他是哪一国人？大概是为了表示君臣亲如一家、赞誉身为"百官之长"的"相"与君主关系密切，所以在当时人的文章中出现了"宰相"一词，以作为对"相"的美称。如韩非子的"宰相起于郡县，将帅拔于部伍"。这一美称实在太好听了，所以后世人习惯把辅佐皇帝的最高官都称作为"宰相"，都说"宰相肚里好撑船"，没有说"丞相肚里好撑船"的。

我们在前面已经说过，相的职责是"掌丞天子，助理万机"，这是辅佐的使命；而更古老的师、保的职责还有"勿使（君主）过度"的制约作用。宰相，不仅要对君主"善则赏之，过则匡之，患则救之"，甚至可以"失则革之"，比如伊尹、周公的所为。这一"助"一"匡"，是宰相制度的双向理论规定，同时也昭示了君主与宰相本身就是一对矛盾。宰相要辅佐君主并且匡正君主就必须设法限制君权，而君主总是希望摆脱制约，无限放大自身的君权，于是就必须想方设法打击相权。

32

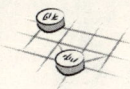

在这个时期的人们的观念中，对君权与相权已经有了初步的划分，他们似乎更加倾向于一种君主对辅相委任责成的模式。

儒家的孔子就君主对辅相委任责成的实践大加赞赏：齐桓公虚己委政管仲而成霸业。孔子说："民到于今受其赐。微管仲，吾其被发左衽矣。"秦穆公遇到百里奚，"与语三日，授之以政"，孔子说："以此取之，虽王可也，其霸小矣。"孔子自己的理想也是游走列国，意在取得委任，大展正风气、治国家的抱负，事实上，他在鲁国也曾有过这么一段短暂的实践。道家的老庄讲究"无为"，认为远古的贤圣帝王都是"无为而治"的，像黄帝、尧、舜那样都是虚己下问，对大臣们言听计从。而法家虽然强调君主的权势不可失，国之利器不可示人，太阿之柄不可倒持，但对君主事必躬亲、亲力亲为还是反对的，韩非子就讲过几个故事，从中我们可以看出他的立场和态度。

第一个故事见于《韩非子·外储说左上》：魏昭王有一天心血来潮对孟尝君说：寡人想参与官署事务的处理。孟尝君说：好啊，既然这样，大王就应该先熟悉一下法律条文。他让人捧来了一大堆法规。那时候还没有发明纸张，所有的法规都刻在竹简上，卷起来编在一起，一卷又一卷。魏昭王拿起抄着法律的简牍，只读了十几支竹简，就觉得枯燥乏味，哈欠连连，竟然睡着了。醒来后，他对孟尝君：还是你们去弄吧，寡人读不了这些。韩非子评价说，昭王睡着那是应该的。做君王的只要驾驭好臣下，具体事务就该臣子们去尽职，哪用得着自己去研读法规。

第二个故事在《韩非子·外储说右上》：田婴做齐相的时候，有人劝齐宣王说：全年的岁赋收入这么一本大账，大王如果不抽时间去逐一地听取一下汇报，恐怕有官吏会营私舞弊，中饱私囊。田婴听说此事，主动请宣王来听取汇报。他命令手下的官吏将已经签署好的一斗、一石、一升等收入凭证都一一准备好，事无巨细，一项一项地依次汇报。听了老半天，齐宣王听得头昏脑涨身体吃不消了，后来，他也睡着了。韩非子下结论说：君主亲自听取结算，那是国家混乱的开始。

第三个故事见《韩非子·说难上》：晋国的使者来齐国，齐国的外交部门向齐桓公请示接待规格，齐桓公说：去问仲父（管仲）吧。在一旁的滑稽小丑——俳优打趣道：这也问仲父，那也问仲父，像你这样做君主也太容易了。这个俳优一定是得了宠，所以敢恃宠调侃。齐桓公也确实没生气，解释说：我听说做君主的"劳于索人，佚于使人"，难就难在发现人才、知人善用。我在人海之中寻寻觅觅找到了管仲这样的贤人，已经很不容易了，我的工作已经完成，下面的事当然要管仲他们去做了。

三则故事，韩非子的观点不是很明白了吗？

在君权与相权的划分上，虽然儒、道、法三家都赞成委任责成的做法，但是儒、道两家尤其是儒家，突出君臣之间的一致性，强调君臣相得如鱼得水这样一种和谐的关系，这当然是一种理想的状态，但事实上日后的历史也证明，这个状态其实十分难得，可谓是屈指可数；而法家则敏锐地看到了君权与相权之间存在着天然的利害冲突，作为贡献给君主的"帝王之术"，他们更强调君主对臣下的驾驭之术，一再指出君主的权势不可失。在第三个故事中，韩非子用了"或曰"也就是"有人说"这样的形式，对齐桓公撒手给管仲的做法其实是提出了批评。韩非子甚至认为明主用臣，应该像养鸟一样。养鸟人必须拔掉鸟翅膀下的羽毛，鸟的翅膀没有了羽毛，不能自由飞翔自由觅食，就只有依靠养鸟人才有食吃，鸟怎能不驯服呢？因此，明主要令臣子不得不"利君之禄"，不得不"服上之名"。

六

尽管几个学派都对君权与相权的划分及运作作了阐述，但是对于君权与相权是如何获得的，这样的前提条件却都含糊其辞。儒家、道家、法家都没有对君权与相权作为一种权力的合法性展开论述，他们的思维认识都停留在一种超验的所谓"天命"上。无论是君权还是相权都依靠一个神秘力量的赋予，那就是天命——皇天给你的使命，也就是上天承认的统治地位，上天给予的合法地位。

在西周建立之初,周文王、周武王就以天命作为一个宣传的借口,来说明为什么地处西岐的周这样一个部落小国可以向商挑战。当时的周无论在人口、武力、经济和文化上都不如它的敌人、强大的商王朝,可是居然就获得了伐商的胜利,原因何在?周人就以天命来作解释了:上天要选择有道德、有能力的人,赐给他们天命,让他们管理天下;天命原先在商那里,可是商王朝出了像纣王这样残暴无道的君主,违背了天意,所以上天就将赐给商人的天命收回转赐给周人,要让周王朝来代替商王朝。这样的宣传当然很有鼓动作用,周的人民和士兵们觉得有了天的靠山,都有了信心全力以赴去打赢一场原本没有什么赢面的战争。而周人的敌人商人相信这一套吗?不由得他们不信,因为他们打败了。历史就以这样的既成事实来说明合法性,老百姓则更加形象直观地称为"成者为王"。

对权力来源及其合法性缺乏深刻的探究是中国政治学术的一大缺陷,而这一缺陷也直接导致了今后的政治实践中诸多矛盾的产生。以"受命于天"来解释一切,这样的解释当然是形而上的,也是抽象的,按照这样的解释,商代夏是因为天命在商,周代商是因为天命在周,而后来的秦灭六国当然也是天命在秦了。天命只有一个,以天命为主权的来源注定了君权与相权的关系只能视作一种垂直的关系,而不能发展成一种类似西方民主的平行关系。因此,在中国两千多年的历史中,虽然倡导儒家的道德观念,而在君相关系上,却一直是法家的思想占据着事实上的主导地位。后来汉宣帝很老实,坦白说:"汉家自有制度,本以霸王道杂之。"而不是像他的老祖宗汉武帝说的那样"独尊儒术"。

七

法家的思想,在大一统后的秦朝已经彻底占据了上风。

秦灭六国一统天下,由封建转为郡县,一切贵族家庭都倒下了,化家为国,只有一个家变成了国家。于是他家里的"宰"也就跟着升格成了这个国家的总管。当然,秦朝时行政首脑的正式称呼也不叫"宰相",而叫

"丞相"，这一称谓一直沿用到三国。诸葛亮辅佐刘备父子鼎立蜀地，继续打着汉室的旗号，他就成了大名鼎鼎的诸葛丞相。

"丞者，承也；相者，助也。"从最初的词源学意义上说，丞是副贰，相也是副，丞相就是一个副官。是什么人的副官呢？当然是皇帝的副官。你既然是副，就由不得你做主。这在雄才大略的秦始皇看来是毫无问题的，根本不存在什么君权与相权的分割。所以秦的丞相在行政决策上实际上一点拍板权都没有，大权独揽在始皇帝手中。

其实，秦始皇为什么会认同法家的观点？只因为这位始皇帝年轻的时候也有过大权旁落的痛苦经历。吕不韦依仗着跟他们母子的特殊关系，成了秦国事实上的最高领袖。为了表示对老头子的尊崇，嬴政做秦王时不得不在丞相之上又抄袭赵国的官职加了一个"相邦"的位置给吕老头。后来嬴政羽翼丰满，一举打倒了阴谋家、野心家吕不韦，也顺便打掉了"相邦"这个职位。

吕不韦

秦始皇精力旺盛，而且这些精力不浪费在女人身上，他当了皇帝居然没有立皇后。所以他事必躬亲，据说他还像强迫症患者一样给自己定了一个量，每天批阅的竹简奏章必须达到120斤重，不完成定量不睡觉，"天下之事无小大皆决于上"，真正是"日理万机"。而从丞相到百官，事实上权力统统被剥夺，只能"受成事"，也就是执行的份。

尽管秦朝的丞相只是个副官的角色，但是当副官已经让人感到很荣耀了。因为秦始皇很少跟人商量着办事，能够参与其事的也就丞相等少数几个人，所以这个副官在外人看来其权威还是相当重的。

左丞相李斯的儿子李由任三川郡守，回首都咸阳探亲休假，李斯设家宴请百官来与儿子见面，结果在咸阳的文武百官闻讯后争先恐后地统统赶来赴宴，门庭车骑数以千计，险些造成首都的交通堵塞。李斯不禁感慨："位极人臣，富贵极矣！"——尽管在他上面还有一个行事低调、不太爱说话的右丞相冯去疾。

李斯的这句感叹被作为后世赞美宰相权威的经典，但是他不知道，当文武百官齐聚相府赴宴、咸阳的交通主管部门报告交通堵塞的原因时，作为皇帝的嬴政心里是一种什么滋味。这也是李斯聪明一世糊涂一时的地方。若干年后，他被秦二世下令腰斩于咸阳闹市并夷三族，临刑时又对儿子感慨说："吾欲与若复牵黄犬俱出上蔡东门逐狡兔，岂可得乎！"——这后一句感慨留下了"东门黄犬"的典故，表达了为官遭祸、抽身悔迟的意思。

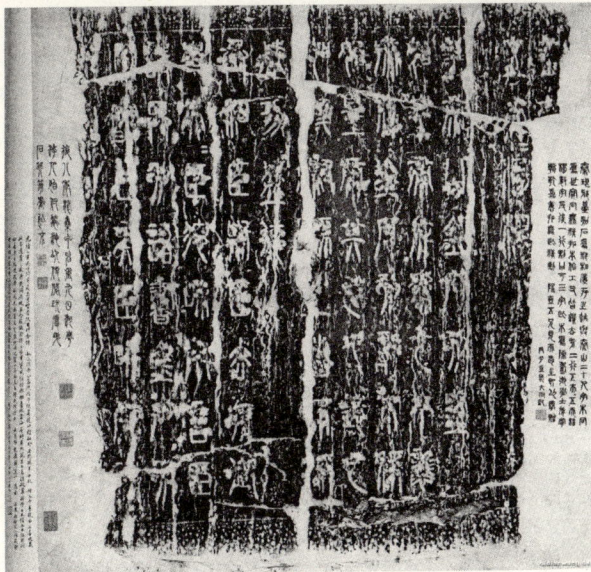

李斯

李斯《琅琊台石刻》拓本

摹刻李斯《峄山碑》拓本

李斯终于成了历史上少数几个被杀的晦气丞相，从他的身上后人看到了"一人之下，万人之上"的荣耀，也读到了"伴君如伴虎"的凶险，这是相权终于不敌君权的事实，哪怕你位极人臣，你也毕竟只是皇帝的家奴！垂直设计的政治结构早就框定了宰相们的悲剧。

李斯死后，宦官赵高继任为丞相。在中国历史上，宦官被正式任命为丞相的，仅赵高一人。而到了赵高当丞相，秦始皇大权独揽的制度设计就显出巨大的弊端来：像秦始皇那样精力充沛、威势极强的皇帝自然可以极权统治，而秦二世既没有父亲的精力和才能，也缺乏经验和权威，再加上得位不正，把柄捏在人家手里，于是皇帝的权力只得由赵高代行。

赵高指鹿为马，将秦二世玩弄于股掌，由于他又是政府的首脑，而政府的其他官员又都缺乏相应的权力，无法与赵高抗衡，致使赵高可以一手遮天。

　　秦始皇以一己之私不放心天下人，把普天下的权力都收归自家。尽管天下人确实无权与之抗争了，但自家那里难道就保证不出问题？由于皇帝的权力被无限放大，当处于皇帝宝座的人无力控制这种漫无边际的权力时，躲在宝座后面的近臣——也就是秦始皇不担心的自家人却可以利用近水楼台的便利肆意地篡夺权力。这恐怕是秦始皇始料不及的。他总以为秦的江山可以传至万世，而他的万世子孙都能像他那般强势。而那位阴谋篡夺者赵高的身份恰恰是对他的最大讽刺：宦官丞相赵高倒的的确确是老嬴家的家奴！一个国家的事，最终毁在了一姓之家里。

　　秦以奴隶视天下人奴役天下，最终却亡在自己的奴才手里，这是历史的报复。但是这种报复却因为制度的沿革而演变为一种循环，这又成了历史的悲剧。

→ 第三章

....

萧何丞相的顶层设计遭遇尴尬

　　萧何的相府中有一座大殿称"朝会殿"，百官议事不去皇帝的宫中而是来他的相府，称为"黄阁议事"。皇帝要想参与，对不起，请屈尊到相国府来。萧何的这套顶层制度设计几乎可以与古希腊、古罗马的议会政治、元老院政治相媲美，基本已经可以视作民主的范本。

一

　　萧何是有机会成为中国的杰斐逊的，不过，他比杰斐逊要早太多，所以也就不可能成为杰斐逊。但是，摆脱宰相作为家奴的地位并且明确设计出皇权与相权界限的历史性人物仍然是汉朝的开国丞相萧何。从这个意义上说，萧何是历史上的宰相第一人。

　　汉朝是由一群平民英雄开创的伟大的朝代。它的伟大之处就在于改变了中国的历史进程和格局，将权力由贵族世袭转变为平民创造，成功地实践了起义元勋陈胜在大泽乡发出的"帝王将相宁有种乎"的口号；它的伟大之处更在于大破大立、从无到有、创造性地设计了一套截然不同于以往贵族政治的全新的政治模式。而后者，全部归功于伟大的萧何。

　　与他造反的同事们一样，这位伟大的宰相出身并不显赫，只是一座小小县城里的"司法干部"（功曹），但比起市井无赖、杀猪屠狗的同事们，他已经是这支队伍里最有文化的一个了。萧何曾多次利用职务之便庇护刘邦，用现在的话说，刘邦还是他罩着的。事实上，当这帮造反者们杀了沛县的县令揭竿而起时，萧何、曹参这样的县里干部比负案在逃、流亡芒砀山的前乡镇"治保主

萧何

43

任"（亭长）刘邦更有资格担任这支队伍的首领。但有些身份的人总是没有一无所有的人来得更革命、更彻底，根据《汉书·高帝纪》的记载，萧何、曹参怕起义失败其首领会遭秦朝的灭族，心里打着小九九，所以坚决不肯当首领，而是推举刘邦冲到前台，就这样成就了一个汉高祖。

由于是基层干部出身，对管理总算有点经验，所以在刘邦的大旗下他一直从事管理工作。刘邦攻下咸阳，大家忙着抢钱抢珠宝抢女人，萧何却很有心，他抓的第一件事情，不是封仓库抢金帛财物，而是派人去秦朝的丞相府、御史府接收图册，把地图、律令、图书、户籍与卷宗档案等一应机关文书都搬回了家。萧何眼光远大，在大数据时代远远还没有来临时，就懂得了一个能够运作的管理机器，手上一定要有档案与数据。因为掌握了全国的山川地图、郡县人口、税收资料、驿传邮网以及中央政府的办事程序、规章制度等重要的数据和资料，对全国的情势就有了通盘的了解。事实证明，这对日后制订政策和取得楚汉战争的最后胜利起到了重要作用。

而汉高祖刘邦起自无赖，对国事原本无多大能耐，不过他这个人有一个好处，就是善于用人，用韩信的话说，叫作"陛下不能将兵，而善将将"。作为中国历史上第一个由平民而当了皇帝的人，刘邦登上了"九五之尊"南面称帝，当年与他一同为"编户民"的功臣宿将们心里肯定有些不平衡，《汉书》上说这些北面为臣的"心常鞅鞅"。高祖为了安慰他们，不能不剖裂疆土，将他们封为列侯。列侯衣租食税，固然与分封的王国不同，不足以反抗中央，但是其势亦足以迫主，也就是对皇帝的权力加以一定的限制。这

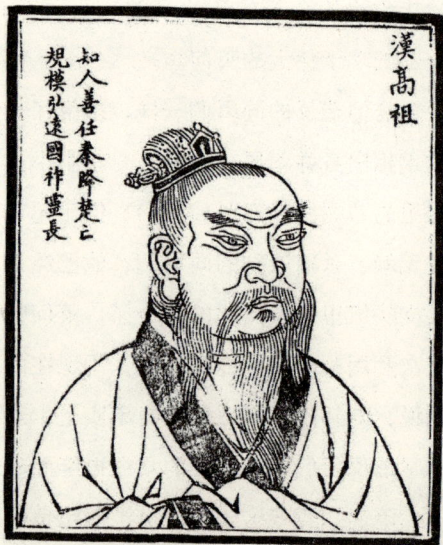

汉高祖

44

些列侯们有些像古罗马帝国的元老，在政治上很有些发言权。后来诸吕作乱失败，就是因为列侯不与外戚合作。文帝以外藩的身份入承大统，也是由于列侯们的迎立。列侯在政治上不但成为一个势力，且成为可以对抗皇帝的一种势力。这是一个很好的政治设计。本来是命令的人只有权利，现在便负有一种依法行使权利的义务；而服从的人本来只负义务，现在也有了一种无须服从违法的命令的权利。权利受了法律的限制，变成了"权限"。而且，汉初的制度，丞相必以列侯担任，皇帝在列侯中选择丞相，而列侯之力又可以约束天子，所以西汉初年丞相是代表列侯统百官，总百揆，借以牵制天子之专制。《后汉书》上说："汉典故事，丞相所请，靡有不听。"——还真是那么回事！

汉高祖认识到自己在治理国家方面的弱点，所以将帝国的政事悉数托付给了他所信任的丞相萧何。他对萧何倒也是放手任用，当了皇帝立即拜萧何为丞相，并且尊称为"相国"——所谓相国其实就是前朝的"相邦"，因为刘邦名字叫邦，所以要避讳，就改叫了相国。

萧何的权力很大，那真正是"一人之下万人之上"。萧何的相府中建有大殿，称为"朝会殿"，同皇宫中的殿一样也是黄色的，称为"黄阁"。百官们就在他的相府大殿中议事，一般人与丞相说话为表示敬重，不敢直对丞相，要请丞相的部属转达，就称"阁下"，这个名词现在仍在沿用，成为一种对人的礼节性尊称。而皇帝，虽然称"陛下"，但如果想与群臣共同商讨问题，对不起，还得屈尊到丞相"阁下"的朝会殿去开会。一般情况都是丞相主持会议，然后将会议结果由丞相率官员依次署名后，上奏皇帝，称"领衔上奏"。今天的"领衔主演"一词大概就是从这里演变来的。

有人或许会起疑问：不对呀！史书上不是有叔孙通制朝仪的记载吗？百官不是都去朝见刘邦的吗？怎么会是在萧何的丞相府里议事呢？——

话说生性随便的刘邦登上皇位后（说他生性随便是有事实根据的，这家伙曾当着人的面将儒生的冠帽当便溺器就地小便，还不够随便吗？）他嫌秦朝的那套贵族礼仪制度太烦琐，干脆统统废去。于是，那帮跟他打江山的老兄弟们也就跟猢狲解了绳索般肆无忌惮，不知高低地乱成一团，饮酒争功，喝醉了就大声喧哗，还拔出剑来砍宫里的柱子随意破坏公物。这就把坐在上面的皇帝给吓了个半死，弄得刘邦极不舒服：这个皇帝当得太没感觉！史书上没有记载萧何此时的表现，但萧何是有文化的，做过秦朝的官吏，懂得官场的上下尊卑那一套，他不会像杀猪屠狗的樊哙他们那样没大没小饮酒瞎闹，他看到这情状一定也皱了眉头。这个时候，儒生孙叔通站出来救驾了，说这是在朝堂上，不是酒馆儿聚会呢，得定朝仪，让大伙儿都讲规矩。刘邦想想，这么下去还真不行，就说好，你定套比较简单的试试，大伙儿都是乡下人，太复杂了谁也搞不懂。关于叔孙通建议制朝仪时萧何是什么态度，史书上也没有记载，但估计是赞成的，这从他的个性、经历和文化程度可以推测出来。

汉砖里的叔孙通定礼仪

于是，叔孙通就带着他的一帮弟子开始在野地里像模像样地排练起来，人不够，还特地去孔老夫子的家乡鲁地招了30位儒生来当演员。排完了，请刘邦试看，刘邦说：我看行！有了这么一句话，一句顶一万句，叔孙通心头大定，于是又费劲巴拉地教会群臣。萧何有没有带头学？应该是的，否则像樊哙、周勃他们的学习积极性就不会高呀，总得有几个好学生起模范带头作用。

公元前 200 年，长乐宫筑成。到了十月约定好的日子，群臣都来朝拜。这回就大不一样了，宫廷中陈列着大量执戟持戈的卫兵，一派威严之气，群臣先由叔孙通弟子担任的谒者引入，文官在东，武将向西，依次排序列队，还有人专门来检查队列是否整齐。然后，皇帝刘邦在声震屋宇的传警礼乐中坐着车出来，上殿升座。大家伙儿全都规规矩矩，该站哪儿站哪儿，没人大声说话，简直连大气都不敢出，更没人拔剑乱砍，剑在进宫前都给暂时没收了。礼毕置酒，大家也都老老实实地按一定顺序先举杯敬祝皇帝万寿无疆、永远健康，然后再喝。刘邦看到这帮哥们儿一下子都变得这么听话，心里可高兴了，说：到今天我才知道原来当皇帝这么尊贵！爽！

——故事讲完了，没问题啊！群臣朝见皇帝那是大朝仪，在十月约定的日子里，那都是礼节性的，就像今天的阅兵、国庆一样。至于平时的行政议事，那仍然是在丞相府里进行的，生性随便的刘邦懒得理那些琐碎的事务。

萧何吸取前朝经验教训，又考虑到刘邦自身文化素质太低不善管理国家，便替刘邦制定了一套君主丞相制。从某种意义上说，这套制度其实是开了责任内阁制的先河，比起西方民主整整早了两千年。

根据这套制度，汉朝中央政府的组织设三公九卿，丞相、御史大夫、太尉称"三公"，丞相是政府的"CEO"，御史大夫是副丞相兼"纪委书记"，太尉管军事，是"武装部队司令"。皇帝与丞相各有一个秘书处，皇帝的秘书处称为"六尚"，尚是掌管的意思，后世的尚书就是从此而来。所谓六尚，分别是尚衣、尚食、尚冠、尚席、尚浴与尚书。前面五尚都只是管皇帝私人的饮食起居，只有尚书是管处理文书的，而且尚书也只有四个人的编制，可见管得不多，反正刘邦也不太喜欢看文书。

而丞相的秘书处就庞大得多了：丞相个人的秘书称为"主簿"，相当于今天官员的一秘；整个丞相"办公厅"一共有十三个部门，称为"十三曹"。各曹主官的官职为"掾"，副手为"属"，"掾属"在后世联称，就成为高级官员文秘等人员的泛称。统筹各曹工作的是一位"长史"，类似于办公室主任或者秘书长。一个曹相当于现在的一个司，各有分工，从官员的升迁考核到祭礼农桑、邮驿转运、货币盐铁、盗贼词讼，林林总总，统统管了起来。

不仅如此，连皇室与政府的财政也是分开的。汉代九卿中有两个卿分管政府与皇室的财务，那就是大司农和少府。大司农管政府经济，少府负责皇室财务。国家规定，凡可耕田地都归农民，山林池泽则归皇家。在农业社会，全国的田赋收入是大头，归大司农管；而山林池泽的产出、工商渔林牧的收入则归少府管，是皇帝的私房钱。

宫中、府中的财政分开是从汉朝开始的，而能够将这两者分开的原因，就在于丞相府有政府运作的资料及数据，这就是萧何当年的功劳。而从分账的情况来看，大头都在国家，小头才是皇室。可见汉代的一切实际事权，照法理设计应该是在相府而不是皇室，宰相才是政府的实际领袖。

美国匹兹堡大学教授、著名学者许倬云评价这样的权力结构设计："君相之间的权力应当有明白的分隔。几乎所有的人都主张国君的主权是完整的，但是国君的主权不应该拿来在行政事务上试探。国君主权是当政府不行时，可以决定换一个执政班子。君主的主权，只能用在监督，不应直接用于行政。无论怎样锐利的刀刃，也经不起不断的滥用，磨到主权本身钝了，没有了信用、没有威严。所以，君相之间的分际，当有区别。不论在法令上、制度上、组织上、功能上，几乎没有一个学派主张主权的掌握者——国君直接执政，以致没有转圜的余地。从行政理论来说，上层不能干预下层，执政者应当取得清楚明白的授权，在授权范围内，上级不能干预。"（许倬云《从历史看组织》）

许先生对萧丞相这套顶层设计推崇有加，认为基本上已经可以视作为民主的范本。

前面说过，萧何的相府中还有一座大殿称为"朝会殿"，百官议事不是去皇帝的宫中而是来他相国府的大殿，称为"黄阁议事"。丞相自己主持的会议，就称"廷议"。廷议的结论，由丞相领衔、主要官员依次署名后上奏皇帝，这叫"领衔上奏"，而皇帝只需要在丞相的奏章上盖印就可

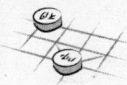

以了，汉初的丞相已可达到凡有所请，皇帝无不允从的地步。那么，皇帝如果有兴趣参加会议或者是想深入地与百官探讨一下问题呢？对不起，也请屈尊到相国府来。从这套规则看，丞相在政府里是真正的首脑、真正的主人，而不像秦朝一样仅仅是皇帝的秘书长或参谋长。

到了汉武帝的时候，丞相的权力萎缩，精力充沛的汉武帝却以跑来跑去太过吃力为由要求不再去相府议事，丞相也不敢违拗，于是"廷议"的场所就移到了皇宫的前院。这一移两千多年过去，再也回不到相府来了。

我们今天去北京的故宫，看到前面的大殿都是朝廷办公的场所，后面才是皇家居住的后宫。这是后来的制度，但要知道刘邦的皇宫却是没有议事的场所的，议事都在萧何那里呢。别小看了会议地点的变化，这可是权力变化的地理显示。前后制度的变化看起来只是开会地点改了一改，反正大家都有马骑都有轿子坐，也用不着自己跑路，但实际说明的是行政事务的真正主持人身份不同了。在相府，丞相就是主人；在皇宫，唯有皇帝才是主人。

二

西汉时，丞相地位相当高，皇帝对丞相的礼遇也十分优裕。汉初规定，丞相必须在列侯中产生，也就是说你没能封侯，就没资格当丞相。萧何当年是议功第一，封为酂侯。萧何之后，曹参、王陵、陈平、周勃继任丞相，也都是跟刘邦打天下出来的。封了侯再拜相，这个仪式就隆重了：皇帝要亲自主持，京城中级以上的官员全体列队参加。当御史捧着丞相的印绶授予丞相时，百官要集体下拜，表示服从于丞相的领导。丞相如果去皇宫上殿见皇帝，那么跪坐于席的皇帝也要挺直了身体，以示起座相迎。萧何甚至还有三项特权：赞拜不名、上朝不趋、剑履上殿——从前官员见皇帝都要一边叩拜一边自报家门：臣某某官某某人叩见吾皇万岁，万万岁！而萧何则不需要，这叫"赞拜不名"；官员上朝照例要小步跑着前进，以示诚惶诚恐，而萧何尽可以踱着方步慢慢来，这叫"上朝不趋"；汉朝的宫殿为了保持洁净，官员都必须脱了鞋子赤脚上殿，刀剑之类的武器当然是绝对禁止携带的，而萧何则可以穿着鞋子甚至佩着剑大摇大摆地上殿去。

丞相是一人之下万人之上的百官之长，文武百官见了丞相都要行跪拜礼，丞相不必答礼，目受而已。朝堂之上，丞相设有专席；酒宴之间，丞相劝酒百官不能不喝，官员给丞相敬酒，丞相则可以谢绝。汉武帝时的丞相田蚡宴请勋贵大臣，将军灌夫给田蚡进酒，田蚡不饮，灌夫强劝不已，有的官员出面劝阻，灌夫却借酒使气，破口大骂。田蚡立刻翻脸，以"骂坐、不敬"的罪名将灌夫当场逮捕。豪横任性的灌将军片刻间从座上客变成了阶下囚。

总之，西汉初年可以说是丞相最为辉煌的年代。

但是辉煌归辉煌，皇帝与丞相毕竟是两码事。即便如萧何与刘邦，大家知根知底，赤脚的兄弟，坐龙廷前你刘邦是个什么人我萧何一清二楚，甚至可以说你从前还是我罩着的，你这个首领也是我让给你做的——前面说过，起事的时候萧何、曹参怕事情不成不敢自己出头，就推了刘邦来当头儿，从某种角度说，还真有点把刘邦当枪使的意味。但后来他听说了一件事，让萧何改变了对刘邦的看法。

这件事记录在著名史学家司马迁的《史记》里：说是刘邦还在当泗水亭长的时候，有一次押着一帮民夫去骊山做苦工，半路上刘邦看管不严民夫逃走了一大半，于是刘邦破罐子破摔，干脆渎职到底，把人都放了，然后带了十几个小弟打算上山落草。那一晚，刘邦喝得醉醺醺的，趁着月色走在山路上。走着走着，前面有一条大蛇盘在路当中挡住了道，刘邦也是酒壮人胆，拔出剑来就把那条蛇给砍成了两段。大家也都没在意，过去也就过去了。可不知哪个落在后面的小弟跑上来神神叨叨地说，刚才斩蛇的地方有个老妇人在那儿号啕大哭，一问，说是：我儿子是白帝之子，化身一条蛇出来溜达，却被赤帝的儿子给杀了。

这就是刘邦斩白帝子起砀山的故事。

刘邦当泗水亭长的时候，萧何是县里的干部，应该是刘邦的上司，听

到这么一件事，他不知做何感想？萧何相信斩蛇应该是事实，刘邦做得出来；有没有老太太当道而哭，则不得而知了，反正有人这么传说。萧何知道刘邦有多少能耐，像陈胜吴广那样事先在鱼肚子里塞布条的事，以刘邦的智力和心机还想不到；所以，萧何丝毫不怀疑这是一场预先设计的广告秀，老太太当然不可能是刘邦事先安排的，那么，这位老太太莫非真是白帝的夫人？萧何左思右想，对刘邦产生了些许敬畏。

再后来，楚汉相争，怎么看都是楚霸王的赢面大得多，地球人都知道啊！然而刘邦居然九死一生，每每逢凶化吉，最终还一战定乾坤，一切都如有天助。连萧何也不得不相信，你这个汉高祖是天定的，如果当初是我萧何来做首领，恐怕就没有这么好的运气。所谓"君权神授"，这是中国人的思想观念。萧何认定刘邦是天注定的真龙天子。于是，他也就把自己定位在臣子的角色上，人家做老板，他只想尽心替他当好总经理。这是萧何的想法，他的那套顶层设计也是按照董事长领导下的总经理负责制那么来的。

三

钱穆在《中国历代政治得失》一书中说："西方人讲政治，一定先要讲主权。他们的政治思想，很多是建立在主权观念上。所以西方有神权、王权、民权的分法，到现在便是国家主权在民众。中国讲政治，一向不讨论主权在哪里。"——钱穆先生不知道，中国不是"不讨论"，因为根本就不需要讨论，"君权神授"，主权当然在君主那里。

在西方，就完全不是那么一回事了。希腊的城邦制产生了柏拉图、亚里士多德这样的分工学说和分权理论。柏拉图首次把分工的思想应用于解释国家的产生和国家的职能。按照柏拉图的意见，国家是在畜牧业、农业、手工业和商业分工发展的过程中形成的，是一种超越于宗法部落组织的社会组织，是由社会分化和社会分工所决定的人们的特殊联合。这么说有些拗口，简单地讲就是柏拉图老先生认为国家是因为分工而产生的，社会分工之后大家谁也不是全能的，所以要有协调、要有组织，于是就有了国家。柏拉图不仅把分工原理看作是国家存在的基础，而且提出国家应当有治国、护国和生产三个阶段，意思是国家的职能也要有所分工。到了他的弟子亚里士多德，则更为关心"一般的国家在实际上所能达到的最好政体是什么？"他的答案是："一切政体都有三个要素：议事机能、行政机能和审判机能。"这就形成了政治学上对国家权力的最早的一种明确划分。所谓"分权论"就是国家的整体和部分之间权力分立和制衡的学说。分权制，是以分权思想作为国家机构组织原则的政府体制。后来的西方议会民主和责任内阁无不从此发源。

柏拉图

亚里士多德

而中国的东方式大一统，从本质上说则是宗法部落组织的延续。由宗法部落产生的家长制不可能给分权制提供土壤。

中国人的思想一向停留在"尊王攘夷"这么个简单的层面。君权神授，王和后来的皇帝都是天子，是天上的神在这个凡人世界的代表，他们的权力是上天授予的，所以也是神圣不可侵犯的。在这样的理论基础上，皇权是唯一的主权，而臣下百官的一切权力都被蒙上了"假权以使"的色彩。丞相与百官的权力都是通过"假借"才得到的，皇权则是包括派生相权在内的其他一切权力的"权力之源"。所以萧何他们打理天下顶多是"代理"皇权，打死他也不敢想到"分权"的思想。

萧何的权力再大，总觉得有些名不正、言不顺，仿佛偷了皇帝的权力那样，有些下脚发虚。所以，萧何时时要采取一些措施甚至不惜是自污的行为来自保。

早在楚汉相争的时候，刘邦与项羽在前线僵持着，却屡屡派使者到后方来慰问萧何。有人对萧何说，汉王在前线作战却老是惦记着你，并非好事，他是怀疑你有野心啊！于是萧何赶紧将自己家族里能够打仗的亲人都派到前线去，说到底就是去做人质，果然，刘邦很高兴，"汉王大悦"。

韩信被杀后，刘邦为了安抚萧何，给他加封了五千户食邑，赐500名卫士。看起来很美。但萧何知道，这500名卫士哪里是

青花梅瓶萧何月下追韩信

来保护他的呀？说得难听一点，就是监视居住啊！萧何的朋友召平也对他说，你的祸难开始了，皇帝对你起疑心了，你赶紧上表坚决辞谢新的封赏，低头认错，并且拿出全部家产来犒劳军队。萧何照着召平的话做了，果然，刘邦又很开心。

说来韩信还是萧何帮着刘邦杀掉的；而淮南王英布，萧何曾在刘邦面前担保他不会造反的，也反了，这事叫萧何更加紧张。

英布因为脸上有刺字所以又称黥布，他与韩信、彭越是楚汉战争中立功最多的三位大将。英布原是项羽的手下，后被人游说，摇身一变叛楚投汉。这个人在政治上并无多大的野心，这一点萧何从一些小事上就看得很清楚：当年他在荥阳前线反正来投刘邦，满以为会受到隆重欢迎，没想到刘邦却是在踞床洗脚时召见了他，弄得英布想死的心都有。然而当他来到刘邦为他安排的馆舍歇息时，发现"帐御饮食从官如汉王居"，接待规格之高马上又让他大喜过望了。这样的人在政治上能有多少抱负呢？后来，韩、彭先后被杀，黥布也兔死狐悲。更有甚者，刘邦还将彭越的骨肉菹为醢（肉酱）装进陶钵里送给英布。你想英布看到这一饭钵的肉酱会是什么感受？史书上说，英布的脸色顿时变成死灰。不过，英布真正造反说起来可能还牵扯到一段感情纠葛。

英布的宠姬得了病，到医生家去就医。不知道为什么不延医至家，而要跟平民百姓一样地去医院就诊，反正今天读来觉得英布的宠姬有些可疑。中大夫贲赫与医生家住在对门对户，贲赫给医生送了重礼，得以和英布的宠姬一起在医生家里饮酒。她本来是去看毛病的，却在医生家里跟别的男人一起饮酒，英布知道后当然要犯疑心病。这担心，也担心得有道理。而英布一犯疑，贲赫就慌了，乘上驿站马车直奔长安紧急告发英布谋反。高祖问萧何，萧何认为英布不应该有谋反之举，恐怕是仇人诬告，所以建议将贲赫逮捕，以查证此事。但是英布

京剧《九里山》中英布的脸谱

在淮南却耐不住了，见贲赫因罪逃跑，就杀了贲赫的家属，真的起兵造反了。这么一来，担保人萧何就相当被动了。

这年秋天，刘邦亲自率军赴淮南平叛，临行时数次遣使问讯萧相国。有人对萧何说：你离灭族不远了。你以前在关中就很得老百姓的爱戴，一个臣子受老百姓的爱戴岂是君主愿意看到的？现在皇帝带兵出征，他是不放心你，怕你趁机有异动啊！你何不自毁形象，让老百姓怪罪你，这样皇帝才放心呀！于是萧何一反常态，在关中地区仗势强买贱买大量田宅，搞得当地老百姓怨声载道。等刘邦班师之时，居然有数千百姓上书控告他们的萧相国。刘邦其实心里很高兴，并没有拿反腐败说事，而是带些得意地将那些检举材料控告信统统交给萧何，说："你自己去道歉吧！"

萧何不认识柏拉图也不认得亚里士多德，不可能有"主权在民""虚君政治"这样的超前认识。他对刘邦的一再退让除了臣服于"君权神授"的观念外，另一方面，是因为萧何自身也有弱点。

萧何有什么弱点呢？拿现在的话讲，那就是群众基础不够。现在我们

都说刘邦在前方打仗，多亏了萧何在后方接济粮草、总揽全局，可当时与刘邦一起在前方打仗的人可不这么看，他们对萧何并不服气。史书上记载：天下初定，论功行赏之时，群臣争功，争了一年多还没争完。刘邦倒是明眼人，认为萧何功劳最大，但是功臣们都说："臣等身被坚执锐，多者百余战，少者数十合，攻城略地，大小各有异。今萧何未尝有汗马之劳，徒持文墨议论，不战，顾反居臣等上，何也？"——功臣们居然把萧何的作用看得一钱不值。还是刘邦打了个狩猎的比喻还了萧何公道，他说，你们呀，嗷嗷乱叫地攻城略地，其实都是一群猎狗而已；萧何"发踪指示"，那才是真正的猎人呢！

后来，列侯都封毕，到了排位次的阶段，功臣们又故意抬出曹参来贬压萧何，他们异口同声地说：平阳侯曹参身被七十多处创伤，攻城略地，功最多，应该居第一位！刘邦已经在物质封赏上向萧何倾斜，此时倒也不便再替萧何讲话。总算有一个叫鄂千秋的，揣摩着刘邦的心思，力挺萧何。"高祖曰：善。"——就这么定了！以萧何为第一！

这两段记录已经很明白了，萧何当了丞相后的权力尽管很大，那还是刘邦赋予的。皇帝能赋予你一切，首先是因为他能剥夺你一切。所以萧何不敢不兢兢业业，不敢越雷池半步。他那套皇帝丞相制的设计，不敢掺半点的个人野心。

人与人相处，有些时候，你越是把人家太当一回事，人家就越不把你当回事，谈恋爱如此，搞政治也是如此。萧何把刘邦看得像个神，刘邦却要让萧何尝尝被剥夺的滋味。

尽管萧何小心翼翼如履薄冰，但他的丞相生涯中最后还是尝到了坐牢的滋味：刘邦的皇家公园上林苑地方辽阔沃野千里，萧何觉得长安城太小，放着这么个上林苑太过浪费，最好开放皇家公园让老百姓去耕作。见相国把算盘打到了自己头上，刘邦立马大怒，咬定萧何是收受了生意人的贿赂，替他们说话。于是，萧相国就从黄阁进了监狱——这事闹大了，把丞相关进监狱！虽说前朝甚至有把丞相李斯都腰斩灭族的先例，但那毕竟是暴秦的暴政。大汉立国，一反秦朝旧政，怎么能这样对待丞相呢？于是大家都来劝说，说萧何要反早就反了，你的担心真是多余的；再说了，替老百姓说话是丞相的职责。刘邦听了，道理都对，但他心里仍然不舒服，憋着气把萧何释放了。萧何战战兢兢地赤着一双脚上殿来谢君王不杀之恩——这会儿不能再享受"剑履上殿"的待遇了，刘邦摆出他惯常的无赖样子，说："相国，算了吧，你是为民请命，你是贤相，你是'人民的好总理'；我是桀纣无道昏君。我这次关你，就是让老百姓知道我不是好人！"——听！听！话说得这么重，萧何汗流浃背，只有伏地叩头谢罪的份。

萧何作为一个杰出的组织管理专家替刘汉政权设计了一套行之有效并且十分具有超前性的君主丞相分权制度，这样的实践较之西方的议会制与责任内阁制整整超前了两千年。但是萧何不是一个思想家，他无法用理论的深度替他设计的制度作出合理的解释，事实上，这个分权制度的设计师本人也是迷信于君权至上的传统思想和伦理的。中国人一向不讨论主权在哪里，但中国人一向看重职责。萧何只是从职责的划分出发，给君权与相权作了一个界定。不论主权而论职责，职责所在就只有义务而没有权利。我们从中得出的结论是：一套制度必须要有理论基础为它的合法性保驾护航，没有理论基础的制度总是靠不牢的。

萧相国的顶层设计遭遇到了尴尬。

→ 第四章

....

谁动了宰相的奶酪

　　雄才大略又精力充沛的汉武帝对萧何那套"总经理负责制"很感冒，他的一系列做法就是为了侵夺宰相的职权，把西汉这个"股份制公司"改造成刘家的"独资公司"。

一

　　转眼到了汉武帝刘彻当"董事长"了。

　　雄才大略又精力充沛的汉武帝对萧何那套"总经理负责制"很感冒：政务都归了丞相，那我当皇帝的干什么？他甚至纳闷，这么一套设计居然能够"萧规曹随"地执行了几十年，摆布了四代皇帝。对，摆布，至少他是这么认为的。

汉武帝刘彻

　　"皇权相权是分开的，皇室和政府也是分开的。这话固不错。但中国一向似乎看重的不成文法，往往遇到最大关节，反而没有严格明白的规定。这也可以说是长处，因为可以随机应变，有伸缩余地。但也有坏处，碰着一个能干有雄心的皇帝，矜才使气，好大喜功，常常要侵夺宰相的职权。"

　　——钱穆在《中国历代政治得失》中这么写道。他所谓的"矜才使气，好大喜功"就是指汉武帝。

　　汉武帝的一项重大改革就是削弱丞相的权力。汉武帝需要高度的集权，来做前人未曾做过的事情，而他本人的禀性在其中也发挥了很大的作用——他本人就是一个独断专行的人。

西汉开国之后丞相拥有较高的实权和威望，这对于皇帝的权力会产生某种程度的抵消和制约，这种制约对国家政权的良性运作本来是非常好的，所以从制度的角度讲丞相有实权是好事。但是如果丞相的权力过大，又碰到一些权臣或心术不正的人担任这一职务，那丞相就有可能利用职权培育私人势力，对国家的政治运作产生不良的影响，这种情况当然也是客观存在的。

汉武帝的时候有一个丞相叫田蚡，就是被将军灌夫灌酒的那位。田丞相是外戚出身，政治才干有限，但政治欲望很强。根据制度，田蚡可以将一个普通百姓直接提升为郡守，且只需报皇帝备案就可以了，所以在人事的任免上丞相权力很大。有一次田蚡入朝奏事，和汉武帝在一起谈论任命官员的事，从早晨谈到了太阳偏西，任命了一大批自己的人，汉武帝很不高兴，最后对田蚡说了一句话："君除吏已尽未？吾亦欲除吏。"——你任命官员任命完了没有？我也想任命几个。皇帝和丞相之间话说到这种程度，由此可见汉武帝是非常不满意丞相有实际的用人之权的，所以他要收回这样的权力。

汉武帝同样是从制度着手，通过改变制度来削弱相权，加强皇权。这里要补充交代一下萧何设计的那套制度：

萧何似乎跟刘邦曾经有过一个默契，你刘邦是冲锋陷阵打仗出身，军事这套你管，枪杆子里出政权，这样你总放心了吧，你的那班冲锋兄弟不服我也都归你直属，我给你设计一套直属的体系，称为内朝；而我萧何是干吏出身，行政管理我内行，所以中央行政组织由我来管，叫作外朝。但是作为一个国家政府完全把军事排斥在外也不完整，所以外朝也象征性地设立一个名义上的军事首脑，也就是三公之一的太尉。太尉的品级与丞相等同，但汉初很长一段时间却未将太尉之职授予任何人，其职责由丞相兼管。

内外有别，由内而外。所以内朝、外朝的区分是为了表示对皇室的尊重。萧何把丞相负责的那套中央组织体系谦虚地称为"外朝"；而替皇帝专门设计的直属系列其实有两个：一个是从大司马、大将军到侍郎、博士

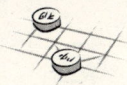

的军人、参谋和顾问官系列，称为"中朝"或"内朝"；另一个是宫廷服务系列，从大詹事、大长秋到各级宦官。对这三个体系的官员，除了大司马、大将军之类的军人外，丞相都有管辖权。由于丞相要掌管国家政府的一切事务，没有工夫再管皇帝的家事，于是就在副丞相即御史大夫之下设了一个御史中丞（那时候，凡带有"中"字的官员，都是指驻在皇宫里管皇室事务的，如侍中、太中大夫、中领军等），皇室的一切事务就由御史中丞管。御史中丞隶属于御史大夫，而御史大夫隶属于丞相，则皇室的一切事务仍得由丞相间接地管着。丞相除了调兵遣将的军权，几乎囊括了一切的权力，当然了丞相的决定需要皇帝加盖印玺才正式生效。

汉武帝敏锐地发现了这套制度设计中有两个切入点他可以利用：一个是内朝与外朝的分设；另一个是皇帝最后的终审权力。

我们现在习惯于将人事调整戏称为"叉麻将"，叉麻将的作用就是将麻将牌叉乱，然后重新码牌。汉武帝是"叉麻将"的高手，可以说这一套就是他发明的。他要把内朝、外朝这两副麻将牌叉在一起，叉乱！

汉武帝一方面抬高军权，利用那些丞相没有管辖权的大司马、大将军等军人来制衡丞相。他有意打乱内朝与外朝的序列，宣布不再设太尉了，改太尉为大司马，任命心腹大将卫青兼此官衔，这样就把内朝的军人当作楔子嵌进了丞相的外朝系列。为了进一步分化外朝三公，武帝除了废除太尉之外，又抬高御史大夫的监察权以作为牵制丞相的力量，因为对御史大夫的监察权拥有最终仲裁权的仍然是皇帝。武帝朝时，御史大夫张汤大受信任，丞相反而徒拥虚名了。

这里又出现一个问题：御史大夫是副丞相兼"中纪委书记"，属于监察官员，如果让他事实上来主持行政，就没有官员能监察他了。这当然也不行。于是武帝决定将属于内朝序列的大将军放到外朝的前台去，担任行政总负责，让大将军的职权凌驾于丞相、御史大夫之上。武帝晚年以自己的亲信、外戚霍光为大将军，其声威完全盖过了丞相。这样听起来两套班子似乎有些乱了，但是汉武帝就是要这种"乱"，乱中夺权，乱了才能将权力的牌重新洗过，而将失散的权力重新抓回到手中。从大乱到大治。大凡强人都是这么来着！

汉武帝认识到皇帝拥有终审权力，皇权是唯一的主权，其他如相权等一应百官的权力都是"假权以使"——假借皇权来行使的。那么，我为什么一定要把皇权假借给地位已经很崇高了的丞相呢？我也可以假借给那些地位卑下的小官，这样才不至于尾大不掉、太阿倒持。在石庆做丞相期间，汉武帝就曾经不"假权"石庆这个丞相，"九卿更进用事，事不关决于（石）庆"，以致石庆做了九年丞相，"无能有所匡言"，连个提案都没有交过。石庆这个丞相没有才能是一方面的原因，汉武帝有意架空他、撇开他是更重要的原因。

"假权小臣"的做法是汉武帝始创的，这就在宰相决策权中心之外，又形成了另外的中心，当然那些小臣是以皇帝本人为中心的。为此，他必须设置一些新的机构、提拔简用一些新的官员。后来政府人事变动乃至权力变动的一个惯用招数就是设立新的部门、新的机构，××××领导小组、××××委员会，其实这一招也是汉武帝发明的。他利用政府命令必得皇帝加盖印玺才能生效的权力，加强对外朝奏章的审议，并把这个工作，交给了宫中的一个机构——尚书台。

我们在前文中说过，尚书台是皇帝"六尚"之一，设置在宫殿的前院，原是为收藏皇帝私人文件、收受外朝奏章、宣布皇帝诏令而设的一个小机构，只有尚书令领三四个尚书办公。他们的官品不高，武帝初年司马迁曾任尚书令，大臣们均看不起他。但是到了武帝晚年，他大大地提升了尚书台的地位，并让大将军霍光"领尚书事"，又称"录尚书事"，以控制尚书台。

尚书台可以拆读外朝奏章，代表皇帝与大臣会商政令内容，斥责犯过错的大臣，可以弹劾从丞相到百官的一应大臣。后来，尚书台的触角甚至从中央伸到地方，武帝把全国的一百多个郡划分为十三个大区，派出十三名刺史专门外出监察地方官员，回京后直接向尚书台报告情况。这样，尚书台就成为一个由皇帝掌领的汇总政务机构，行政、监察两手统抓。渐渐地，各地的政务报告直接送尚书台成为惯例，丞相不能多问政务，其权力

也就所剩无几。

既然皇帝可以撇开丞相假权小臣，那么当然也可以假权于更加亲近的宦官。宦官专权的事例虽然没有发生在汉武帝朝，但其却滥觞于武帝。应该说，汉武帝对后代历史上频繁发生的宦官乱政现象负有不可推卸的责任。当然了，这不在本书的论述范围内。以汉武帝这样的人物，居然会忘记秦朝宦官赵高擅权作乱的教训，也真叫人诧异。其中只有一种解释：他从本质上与秦始皇是一样的人！

设立新机构的做法汉武帝越玩越起劲，除了设置尚书台这样的秘书机构假借小臣外，他还设立了一个事实上的决策机构以取代丞相的决策权。汉武帝突然表现出对文艺工作的高度重视，任用了一批文学侍从，这些人口才好，文章写得漂亮，又愿意在官场上一展身手，像严助、朱买臣、司马相如、主父偃都是这样的文学侍从。每次遇到了军国要务要讨论，汉武帝先和他们打招呼，让他们做准备，对丞相、御史大夫却不事先关照。到了朝议的时候，因为这些侍从之臣事先有准备，当朝廷的公卿大臣提出处理方案之后，他们就开始发言批驳，逐一把公卿大臣提出的方案给批倒，批得体无完肤。这样几次之后，朝廷的公卿大臣明白了，遇到什么事情，皇帝的侍从早都准备好方案了，只需要让他们发言就可以了。这样一来慢慢由个案变成了惯例，由惯例变成了制度。丞相彻底丧失了决策权，只有率领属下百官执行的权利。而在执行中，还要受到尚书台以及刺史们的监督。就这样，丞相没了实权，朝廷大小官员只要看皇帝一个人的脸色就成了——那才是唯一可以主宰所有人命运的最高统治者。

萧何留下来的奶酪终于被汉武帝一个人啃得个精光。"黄阁议事"？做梦去吧！还不乖乖地匍匐在皇帝的脚下，叫你干啥就干啥，领点事情去做做吧。

汉武帝的这一套做法到了他的后任皇帝手里进一步发扬光大。这些皇帝治国也许不行，弄权都很来事！汉成帝时将御史大夫改为"大司空"，此前太尉已经改为了"大司马"，这两个"大"，在地位上与丞相相等，三足鼎立。到了汉哀帝时，干脆将丞相一职废去，另设大司徒。于是新的

"三公"就以大司徒、大司马、大司空并称,形成了三头政治。一直到东汉都沿袭这样的制度。这三个职位相等的官如何共事?他们之中谁算真正的宰相?

其实,这三位主政者之间没有一个居领导地位,也就是说没有一个真正的"总经理",而是三个"总经理"。三个"总经理"又都不能说了算,他们三个其实已经不是真正的宰相了,因为政令都掌握在了尚书台,而大将军"领尚书事"控制尚书台,所以大将军又凌驾在新的三公之上了。如果说还有"宰相"这样的说法,那么,领尚书事的大将军才是真正的宰相。弄到这里,已经是内外朝不分、文武官不分了。

"领尚书事"其实不是官职,仅是表示可以做某类事,如后世清朝的"军机处行走"也是一样,再好比是目前国内流行的"博士生导师"称号,既不代表级别,也不是职称学衔,仅表示有资格收授指导博士生。"领尚书事"就表示有权管尚书台的事。从霍光以后,只有兼有"领尚书事"称号的大臣,才算真正的行政主官。汉末袁绍与曹操两雄并立,曹操将汉献帝接到许都后,以献帝的名义任命袁绍为大司马。袁绍不干,认为大司马不如大将军,所以一定要让曹操将大将军的职位让出来给他当。曹操当时实力不如袁绍,只得忍气吞声先让出这个大将军,但是却不把"领尚书事"这个要紧职位一起给袁绍。而袁绍得到了大将军的尊崇虚衔倒也志得意满,可见此人的政治目光短浅,对政治制度的理解不够深刻。当然,这是后来发生的故事了。

二

还是回来说西汉初年的事。

西汉到武帝一朝,许多事情都发生了根本性的变化。另外一个重大的变化就是无爵丞相公孙弘的崛起。

我们前面说过,汉初的丞相必须从列侯中产生,而汉代侯爵是除了军功不封的,也就是说一定是当年与刘邦共同打天下的伙伴才能封侯,而列

侯的长子可以继承爵位。你必须先封侯，才有资格拜相，所以汉初的丞相都是开国功勋出身或者是承袭爵位的功勋后裔，如萧何、曹参、王陵、陈平、周勃、灌婴、周亚夫等，由一个功臣集团垄断。但到了武帝时，戏剧性的变化终于出现了。公孙弘的发迹可谓是一波三折、大器晚成。

公孙弘出身于贫苦家庭，青年时期跟萧何、曹参一样做过狱吏。比萧何还不如的是他还因为犯错误被免职了，于是只能靠放猪为生。家贫买不起书，就在自己牧猪的竹林中砍伐竹子削成竹简，将书抄于竹简上。他40多岁才开始学《春秋》经，可以说有志不在年高，到了60岁终于学有所成被朝廷征为博士。谁知他老人家出使匈奴，不合帝意，又被免职。到了70岁，才吉星高照，因对策第一，"容貌甚丽"（七十岁的老头还可以容貌甚丽？古人的审美观弄不懂。）再度被拜为博士，待诏金马门，也就是随时等待皇帝咨询的意思。事实上，他的对策原本被主考官定为下等，是汉武帝阅卷后亲自将他提为第一的，因为他老先生在对策中鼓励皇帝要使用权术。老先生投机投准了，这不正中武帝下怀？

4年后，老先生又迁御史大夫，成了副丞相；75岁时，终于扶正拜相。此前的丞相全由列侯担任，唯有公孙弘寸功未立，白身人相。汉武帝后来意识到这点，又下诏封公孙弘为平津侯，不过这也已经是先拜相后封侯了。

公孙弘削竹简

　　钱穆在《中国文化史导论》中解释这一现象：公孙弘的入相，标志着中国由军人政府向士人政府的转变，意味着达到了"真符理想的'平民政治'的境界"，它由平民中有修养有学问的贤士即士人来组成政府，取消了因军功而授勋的军人在政治上的特权，是世界性的创新。但钱穆先生只看到了事情的一面。

　　从"先封侯再拜相"到"先拜相再封侯"，看起来似乎是汉武帝的一个疏忽，但其实谁知道他是不是有意为之呢？因为西汉的政权并非天授，而是从战场上冲杀得来，从某种意义上说是家"股份制公司"，功勋旧臣与皇帝一样统统拥有股份，所以刘邦尽管一方面忙着杀功臣，另一方面也不得不承认群臣的功劳，谦虚地说一说运筹帷幄、决胜千里，我不如张良；镇国家、抚百姓、筹给养，我不如萧何；运百万之军，战必胜，攻必取，我不如韩信之类的话。刘邦之后的几个皇帝如惠帝、文帝、景帝也都对几个功勋丞相优容有加，丞相的权力仍旧大得不得了，说几个小故事吧。

　　故事一：曹参继萧何之后为丞相，却整日不理政事。惠帝心里犯嘀咕却也不敢当面责问，只是将曹参的儿子拉来委婉地探问，"我听说你父亲天天喝酒，见到朕时也不谈国务。你回去问问你父亲：新皇帝年富力强，正是君相共同努力治好天下的时机，像您这样天天喝酒，这是治天下吗？"他还特别强调一句："不过，你不要说是我教你问的。"曹参的儿子回到家里，果然老老实实地拿着汉惠帝的话质问父亲。没想到做父亲的拿起一条鞭子就抽了过来，一边打一边骂："你在宫中任职，把皇帝服侍好就行了，天下大事岂是你该问的？"曹参的儿子第二天带着伤当值又见到了汉惠帝，惠帝一问情况，立刻召见曹参责问原因，其结果就得到了"萧规曹随"的四字答案——曹参说：咱君臣俩都比不上高祖和萧何，所以陛下垂衣拱手而坐，臣循着萧何的老规矩办事，这就是"无为而无不为"，何劳每天议政呢？后来大家听听也都觉得有理，至少不怕曹相国做第二个赵高了。

　　故事二：惠帝死后，吕后执政。吕太后想要封自己的几个兄弟子侄为王，丞相王陵当即驳斥：高祖先皇帝说过，非刘氏者不得封王。我们曾经杀白马立盟誓，您怎么能违背呢？就这样，把太后已经发出的诏令给否决了。

故事三：文帝时，周勃为右相，陈平为左相，大小事情都由他们处理。时间一长，文帝也想知道皇帝的职责究竟是什么，当然，他要先搞清楚丞相的职责是什么。于是，在一次大朝会时——这种朝会一般都是礼仪性的对皇帝的参拜问候，不牵涉到具体的政务——文武百官都已到齐，文帝突然问右相周勃，是否知道天下一年有多少案件、财政收入有多少。身经百战的周勃是个老实人，没有想到皇帝会问具体的政务，没有准备，不知道这两个具体数字，羞愧得汗流浃背。文帝又转而去问左相陈平。陈平的神

大朝会

情就轻松多了，坦然说他不知道，让文帝自己去问相关各部的部长。文帝有些生气，追问道：做丞相的这也不知，那也不管，究竟管什么呢？陈平却趁机给文帝上起了课：陛下的责任是侍侯好天，丞相的职责就是辅佐天子顺应天意。阴阳四时不失秩序，就是臣辅佐天子尽到了责任，至于具体的工作，各付有司。陈平这番话，一是暗示皇帝在国务活动中只能务虚，不必务实；二是明言丞相总领政务，不必皇帝太多过问。

汉文帝听了陈平的话有什么反应，史书上没有交代，从后来的情况看，他倒也接受了这个现实同时也是传统。所以，文帝、景帝时，君臣都奉行休养生息的国策，皇帝、丞相各司其职，相处十分和谐。

君主在任命丞相之后，授予丞相以管理全权，皇权与相权有一定的分

工和分离，这似乎与西方人倡导的三权分立和内阁政治有某种意义上的契合，可以看作是中国版的分权而治理论的实施——当然，现代西方的分权理论强调主权在民，而我们的丞相还是垂直任命的，但毕竟权力互相之间有了一个约束和制约——西汉初年从秦末大动乱中迅速恢复过来，由乱而治的历史不可不谓是这种理论的胜利。一位澳大利亚学者运用定量的方法对中国汉代的吏治进行分析，得出这样的结论：汉朝的吏治是当时世界上最有效率的，超过了当时的罗马帝国。这是萧何顶层设计的功劳。

对于上述的几个故事，吾友卢敦基认为，"这其中固然有一朝初始力求少事的深意，但帝相间的关系总不如天地那般相去悬殊，有时候他们还能在较平等的态度上讨论问题"。——较平等地讨论问题，体现的是汉初的君相关系。

而到了汉武帝，建国已经六十余年，"持股"的功勋元老老死殆尽，没有军功的群臣已经无从摆老资格来让皇帝屈尊了。雄才大略的汉武帝正是要通过拜公孙弘这样的白衣卿相向天下人传递一个信号：他要调整一下皇帝与丞相的关系了。先前功勋们的"原始股"统统作废，现在的西汉皇朝已经是他刘彻的"独资公司"了。

从前有功者才得封侯，封侯者才得拜相，立功封侯是先决条件；现在列侯这个阶层被抛弃，任谁都可以为相，为了相后还可以封侯，封侯成了纯粹的荣誉爵位。这样产生的丞相固然脱去了贵族政治的色彩，但也因此，丞相没有了社会背景，便也失去了牵制天子的力量，而天子独掌任意任免丞相之权，于是丞相逐渐沦为傀儡。钱穆先生显然没有看到这一面。

据《汉书》记载，公孙弘朝会讨论国家大事，总是摆出几种方案，说明理由，让汉武帝自己选择，而从不坚持自己的观点，更不会面折廷争。以直谏著称的大臣汲黯看不惯他这种刀切豆腐两面光的做法，当面指责他"多诈而无情"，实是"不忠"。汉武帝于是问公孙弘，你到底忠不忠啊？公孙弘回答："知臣者以为忠，不知臣者以臣为不忠。"——仍然是刀切豆腐两面光。汉武帝倒认为他说得很对，更加厚待他。由于从基层出身，使

得他对实际政务有足够的了解；而《春秋》博士的"职称"，又使得他能为所有的举措冠以堂皇的说法。汉武帝正是喜欢他这两点。

公孙弘之所以为公孙弘，绝非纯粹是因为他个人的原因。当"持股"的元勋们死亡殆尽，新的当政者已经无所顾忌，要搞"独资企业"了，"提干"的标准自然而然就以能贯彻上头的旨意为第一要素了，君臣关系从此也就发生了重大变化。这与其说是从军人政府转变为士人政府，还不如说是从贵族政治转变为独裁专制的政治。而中国绵延两千年的君相格局，便由汉武帝与这位无爵丞相依次展开。

汉武帝削弱相权的另一个手段则更加厉害，那就是杀人。在汉武帝54年的统治时期中，共有13位丞相先后当政，按时间顺序分别是：卫绾、窦婴、许昌、田蚡、薛泽、公孙弘、李蔡、庄青翟、赵周、石庆、公孙贺、刘屈氂、田千秋。其中李蔡、庄青翟、赵周都是被迫自杀的，而窦婴、公孙贺、刘屈氂则是最终被斩杀。什么叫伴君如伴虎？这就是伴君如伴虎。

汉武帝中、晚年一共杀了三位丞相、六位副丞相（御史大夫），这之后朝廷大臣们明白了，丞相表面上号称是上承天子，佐理万机，实际上没有任何的实权，弄不好老命还得搭上，根本没有那么高的威信。有这么一个小故事非常传神：

汉武帝在逼杀了几位丞相之后，任命公孙贺当丞相，公孙贺吓得跪倒在地，苦苦哀求皇帝收回成命。可汉武帝还是让他接受任命。公孙贺当丞相后非常"懂事"，皇帝说什么就照着办，绝不提不同意见，可就是这么一位丞相，在皇帝面前唯唯诺诺，最后也被杀了。他本人虽然没有犯罪，可他的儿子犯罪了，受到了株连，还是被灭了族。

汉武帝破坏了萧何精心设计的君主丞相制，抹杀了皇权与相权的正当划分，高祖、文景时期那种皇帝与丞相的和谐局面不复出现，使得君臣关系从两极转化为畸形的单边体系。从此，皇权与相权这一对矛盾就演变为侵占与篡夺的较量：当皇帝强势时，表现为对相权的漠视和侵占；而当宰相强势时，则上演一出出权相巨奸飞扬跋扈、谋王篡位的悲剧。这是汉武帝留给后世的遗产，恐怕也是他所意想不到的。

合理的权限终于又回归到绝对的权力。吾国政治思想出现了漏洞，中国版的分权而治理论宣告失败，东西方政治从此开始彻底分野。

三

汉武帝将内朝的大将军凌驾于外朝的三公之上的一个重要原因是汉朝的大将军往往由外戚担任，皇帝的丈人老头家总算是自家人。看来，汉武帝不仅要将"股份制公司"改造成"独资公司"，而且还要办成"家族企业"。

然而自家人就一定可靠吗？后来的事实证明，两汉的天下，败就败在自家人手里。外戚与宦官这两拨"自家人"无休无止的争斗，终于将刘家天下断送到了别人手里。

汉武帝意想不到的事在他死后不久就发生了——

汉武帝晚年将他最年幼的儿子刘弗陵立为太子，为了怕女主乱政重现吕后的故事，他又残忍地杀死了刘弗陵的生母钩弋夫人，然后，任命亲信霍光为大将军"领尚书事"，作为"家族企业"的"CEO"，他自以为安排得非常妥贴了。

霍光

霍光这个人是谁呢？他是名震塞外的骠骑将军霍去病的同父异母弟弟。霍去病马踏匈奴得胜还朝时，将11岁的弟弟霍光也带至京都长安，安置在自己帐下。从此，霍光就跟着哥哥飞黄腾达。短短几年，官至奉车都尉，负责保卫汉武帝的安全。《汉书》说霍光"出则奉车，入侍左右，出入禁闼二十余年，小心谨慎，未尝有过，甚见亲信"。作为皇帝身边之人，二十余年，居然没有任何过失，不简单！不简单！都说伴君如伴虎，可见霍光为官之精到。

《汉书》又说："察群臣唯光任大重，可属社稷。"刘彻环顾群臣，似乎只有霍光可辅佐刘弗陵。因此，他命画工画了一幅周公背负周成王的画赐予霍光。意思你懂的！

人民美术出版社连环画《霍光辅政》（王弘力作品）

汉武帝病死后，霍光受遗诏，与金日磾、上官桀等人共同辅佐朝政。但当时就有人提出异议，认为武帝根本没有留下分封三人的遗诏。因为金日磾乃匈奴人，实则为异族外人，托孤事关朝廷社稷，不可能托付给一个与汉政权有杀父之仇的异族后代；而霍光的出身只是汉武帝身边的侍卫，供驱使的下人，怎可能被汉武帝如此重视而有托孤之重任呢？当这种流言开始散布时，霍光就显示出他铁腕的手段，立即将流言的始作俑者抓来杀了。

从今天的立场来看，说霍光他们伪造遗诏好像不太可能，毕竟他这个"大将军领尚书事"总是汉武帝亲自封的，这样的安排早已透出了政治遗嘱的味道，伪造之说应该只是霍光的政敌对他的攻击。

霍光掌握了汉朝的最高权力。"帝年八岁，政事一决于光"。这个"一"字，真是春秋笔法，连萧何当政，史书上都没有"一决于何"的说法。

后来，连同为辅命大臣、又是儿女亲家的上官桀都不满霍光独专朝政了，联络御史中丞桑弘羊以及宗室燕王旦、盖长公主等，想要发动政变，杀霍光废昭帝，立燕王旦为帝。霍光得到密报后，再次铁腕出击，尽杀上官桀、桑弘羊等人，令燕王旦、盖长公主自杀。从此，霍大将军更是权倾朝野。

霍光甚至连皇帝的玉玺都想收归他保管。他招来掌管玉玺的六尚之一尚玺郎，要他交出玉玺。那位尚玺郎倒挺有种，坚决不肯。霍光想要强夺，尚玺郎按住剑厉声说："臣头可得，玺不可得！"就这样，霍光才没有将"董事长印信"收去——史书居然没有留下这位尚玺郎的名字，真是可惜！

刘弗陵即位，是为汉昭帝。他这个皇帝可拿霍光这个大将军一点办法都没有。昭帝有句名言，叫作"将军为非，不须校尉"——你霍光如果要造反，还需要密谋组织吗？连禁军校尉都不需要的。那意思就是我只能由你说了算了。

众所周知，卫青、霍去病是因为汉武帝的皇后卫子夫的关系而平步青云的。卫青的父亲以一个小吏的身份在平阳侯曹寿家里行走服侍，与曹家的侍婢卫媪发生了不正当男女关系，私通生下了卫青。而卫媪此前已经有了卫长君、卫子夫一对儿女。后来，卫青的同母异父姐姐卫子夫被选进宫去并得到汉武帝的宠爱被立为皇后，卫青也跟着鸡犬升天。而霍去病则是卫青的外甥。所以，霍家多少也有外戚的成份。霍光为了控制汉昭帝，又把自己的外孙女嫁给昭帝为皇后，这样就亲上加亲了。但是辈分却乱套了，汉昭帝是汉武帝的儿子，皇后却是霍光的外孙女，那么霍光的辈分岂不是比汉武帝都高了！但是汉朝人不讲究这些。

元平元年，汉昭帝亲政一年即驾崩，卒时22岁，竟然无嗣。这也是奇怪的事情。野史对昭帝之死，深有怀疑。毕竟，日渐年长的皇上，对霍光肯定是一个巨大威胁。这个皇帝，据记载身材魁伟。他五六岁即"壮大多知"，"武帝常谓类己"，"始冠有八尺二寸"，从生长发育情况来看，应该身体不错。《汉书·外戚传》说："光欲皇后擅宠有子，帝时体不安，左右及医皆阿意，言宜禁内，虽宫人使令皆为穷绔，多其带，后宫莫有进者。"——霍光大权在握，甚至管到了皇上的房事，其目的，就是要让自

己的外孙女上官皇后"擅宠有子"。《剑桥中国史》说："年轻的皇帝死时只有 22 岁，死得可疑；他显然还没有子嗣。他是否流露出什么迹象，致使霍光或其他人希望把他除掉，则不得而知。"——连外国人都这么想，不要说中国人了。

昭帝无嗣，就要另觅新君。《汉书》说："武帝六男独有广陵王胥在"。汉武帝六个儿子，只剩了广陵王刘胥。但是，对这个人"光内不自安"。为什么不安呢？霍光说他不满意的理由是："王本以行失道，先帝所不用"——据说刘胥为人骄奢，很有些今天土豪的作风。但是我想，霍光内心考虑的恐怕还有另一层意思，那就是刘胥早已成年，恐难控制。于是，霍光便将目光跳过一级扫向汉武帝的孙子辈了。最终，他锁定昌邑王刘贺。在霍光看来，刘贺年方 19，又是纨绔子弟，胸无大志，正是他利用控制的对象。可是，这个刘贺，仅仅当了 27 天的皇帝，又被废了。其原因，汉书里写了一大堆。无非是找女人奸宫女之类，经常从宫外私自买东西进来吃，"常私买鸡豚以食"等等，鸡毛蒜皮的事情。其实，霍光最不满的乃是刘贺滥封属下官职，在霍光看来，这是刘贺开始培植自己的势力了。这个刘贺，进京之时带了 200 多人来，个个封官许愿。当了皇帝后，倒不食言，他受玺 27 日，竟发诏封官"凡一千一百二十七事"。显然，他也是一个敢作敢为之人。这样下去，怎生了得？于是，霍光上奏年仅 15 岁的太后，也就是自己的外孙女，废除了皇帝。这个皇帝连年号都没想好，龙椅都没坐热，就被赶下台了，他带进京来的 200 余人，除两人外，其余皆被诛杀。2015 年底江西南昌发掘海昏侯墓，据信，墓主就是刘贺。

霍光本人身高七尺三寸（约折合 1.7 米），皮肤白皙，眉目疏朗，胡须很美，是当时有名的美男子。因为废立由他，所以他又常被人和伊尹并提，称为"伊霍"，后世往往以"行伊霍之事"代指权臣摄政废立皇帝。

霍光此时的职务是大司马大将军，内朝的领袖。名义上，外朝应该仍是由丞相负责的。当废立时，霍光代表皇室召集九卿开会，有人说：该请丞相参加。霍光却说：这是皇帝家事，用不着政府领袖丞相参加，我们议定好，请示皇太后就可以了。

像皇位继承这样的大事，丞相都靠边站了！即使在吕后专权横肆的时候，也没有说立皇帝不要问朝廷。霍光既然说政府领袖不必预闻皇室家事，但他却仍要召集其他的政府大员——九卿来公议所立，可见，霍光要架空的只是丞相而已。他不让外朝的丞相知道皇室的事，自己却代表皇室来过问政府的事，于是皇室就绝对地凌驾于政府之上了。

那么霍光他们议定的结果是什么呢？霍光思来想去，找到一个汉武帝的后代。此人即是卫皇后曾孙、废太子刘据之孙刘病已。

刘病已这个名字与霍去病、辛弃疾一样，都是大人为了让孩子健康成长而取的，一般都是因为孩子体质不好取这样的名字容易养大。刘病已小时候身体好不好倒没有记载，不过，他的命运倒是蛮坎坷的：他的祖父、汉武帝的太子刘据被江充等人陷害，被迫带着百把个亲随卫士造反，这就是历史上著名的"巫蛊之祸"。百把个人造反当然没有成功的可能性，刘据和儿子也就是刘病已的父亲刘进均都被杀，年幼的刘病已也被投入监牢。按理造反是要灭门的，但刘病已毕竟是汉武帝的嫡亲曾孙，儿子、孙子都杀掉了，再杀还是婴孩的小曾孙，于心何忍？群臣据理力争，总算挽回了汉武帝的虎狼之心，保住了刘病已的性命。

刘据案平反之时，刘病已寄居在祖母史良娣的娘家，已经流落民间了。这位刘病已就是后来的汉宣帝。他也是中国历史上唯一一位即位前受过牢狱之苦的皇帝。汉宣帝即位后，改名刘询，因为"病已"两字太常用，怕臣民避讳不易。霍光推荐刘病已，目的也是清楚的：这个皇帝娘家没人！从小依倚的祖母娘家均为没落士人，将来不会影响其执掌大权。霍光的愿望，依然是想把汉宣帝当作傀儡皇帝。

汉宣帝即位之后，霍光夫妇做了一件极不光采的事：他们将自己的女儿霍

汉宣帝刘询

成君嫁给皇上，而将汉宣帝在民间所娶的原配许平君毒死，从而使他自己的女儿成了皇后。我们前面已经说过，霍光的外孙女已经嫁给了先皇汉昭帝，汉昭帝的辈分足足比汉宣帝大两辈，那么作为姑姑的霍成君反而要叫外甥女上官皇后为"太皇太后"了。反正关系很乱，霍光也顾不得了。后世人称"脏汉烂唐"，说的就是这两朝后宫的关系很乱。

但是有一点，霍光至少是看走眼了。汉宣帝饱受磨难，深知民间疾苦。他显然是一个有抱负也有城府的皇帝。《汉书》说"光自后元秉持万机，及上即位，乃归政。上廉让不受，诸事皆先关白光，然后奏御天子。光每朝见，上虚己敛容，礼下之已甚"——汉宣帝处处表现出对霍光的敬重，他这是韬光养晦。他知道，皇帝报仇，十年不晚。

地节二年（公元前68年），霍光去世，汉宣帝宣布亲政。他开始逐步剥夺霍家人的政治权力，而此时的霍光一脉，在朝廷已盘根错节，势力强大。《汉书》云"党亲连体，根据于朝廷"，甚为形象。有一桩小事说明了霍家的势力，同时也说明了丞相地位的低落：霍家的家奴与副丞相、御史大夫的家奴飙车争道，霍家的家奴居然敢闯到御史大夫家，要踢御史大夫的门，御史大夫亲自出来叩头赔礼，这帮霍家的家奴才扬长而去。

汉宣帝面临的就是这样一个局面，他要做的第一件事，就是削弱霍光家族的军权。他任命霍光的儿子霍禹为大司马，霍光侄孙霍山为尚书，削其实权，而将"羽林及两宫卫将屯兵"，"悉易亲信"，换成了自己的人。汉宣帝做的第二件事则是下诏封原皇后许氏所生之子刘奭为太子。皇帝的态度已经很清楚了！霍光的老妻听说宣帝已立太子，恼怒得绝起食来，甚至还呕出了血。她教唆女儿霍皇后设法毒杀太子。霍皇后多次召太子，赐太子食。太子的保姆很尽职，总是先要尝一口，致使霍皇后无法下毒。

这一切，令霍家人坐立不安。霍禹、霍山等人，甚为恐惧。《汉书》记载，他们梦见"井水溢流庭下"，"灶居树上"，家里老鼠"暴多"，与人相触，以尾画地，"鸮数鸣殿前树上"，"第门自坏"，等等凶象，不一而足。于是，霍家人一开始是相对哭泣，自怨自艾。等到后来，汉宣帝开始追查许皇后的死因，霍家才决定铤而走险。这家人没出息，老是只会下毒，这一回他们又想让霍皇后下毒酒，毒死汉宣帝，然后由霍禹做皇帝。

想得很简单，然而，此时的汉宣帝早已羽翼丰满、成竹在胸了。公元前65年，汉宣帝一举粉碎霍氏腐败集团，将霍家及其党羽一网打尽。霍禹被腰斩，霍山和霍去病的孙子霍云自杀，霍光老妻及诸女昆弟皆弃市。霍皇后也被废掉，打入冷宫，而与霍氏相连坐诛灭者数千家。可怜霍氏一族，几乎没有留下什么活口。霍光的老婆儿子甚至还被弃尸街头，真是死无葬身之地了。

那么，霍光干的都是坏事吗？倒也不是。"武帝之末，海内虚耗，户口减半，霍光知时务之要，轻徭薄赋，与民休息。至是匈奴和亲，百姓充实，稍愎文、景之业焉。"这是班固在《汉书》中对当时情况的客观评价，由此也可，作为一个执政者，霍光还是可圈可点的。霍光的悲剧其实正是由汉武帝种下的。霍光家族被夷灭，而萧何设计的那套君主丞相制却再也恢复不起来。

汉宣帝时的丞相丙吉有一个著名的故事就是"丙吉问牛"：这位丞相有一次外出，看到一群人在斗殴，都出了人命，他一言不发，不去制止。倒不是怕伤着自己，丙丞相带着一大队侍卫呢，反正他就是不管；而当他看到一头牛喘着气在吃力地拉车，他连忙停下来上去询问，对一头老牛嘘寒问暖。下属看不明白了，问丙丞相为何重畜轻人。丙吉说：群斗杀伤有长安县令、京兆尹两级官署在掌管，丞相不能越俎代庖去亲自过问；牛喘气这件事虽无专门机构掌管，但牛喘气本身却有个阴阳二气是否调和的问题在，这是宰相应当关心的。

斗殴杀伤对主管部门来说是大事，但对丞相却是小事；牛喘气对一般人来说都不叫什么事，但对丞相来说却是大事——你看看，武帝以后各朝的丞相大事管不了，小事不肯管，都务虚到了这种地步，还故弄玄虚地拿天地阴阳说事。历史上还认为这位颇会作秀的丞相"知大体"呢！这样的历史评价真让人大跌眼镜。

丞相制度恢复不起来了，倒是由霍光开头的外戚专权、内廷取代外朝，居然成了汉朝的成例，终于到了王莽时代，刘汉的历史也被"腰斩"

了一回。作为外戚的王莽也是由大司马、大将军而掌握大权的。

丞相靠边站了，擅行丞相权力的内朝勋戚却对帝位虎视眈眈起来。这是汉武帝绝没有想到的。

四

东汉光武帝，惩于前失，因怕大权旁落，考虑着索性把政权全操在自己手里。他在三公之上又设置了"太傅"这一官职，号称"上公"。太傅的字面意思是皇帝或者太子的老师，太傅因人而设，无适当人选时就空缺。但这个"上公"的设置，却使"三公"的品秩下降了一级。而且，自东汉光武帝后，一般不用功臣担任丞相，光武帝解释说这是为了"偃干戈，修文德"，所以东汉时期选任丞相，常注重经明行修之士，凡居相位者多为学有专长、高风亮节的名士，诸如伏湛、牟融、赵熹、刘恺、袁安、杨震、李固等。不过，无论西汉、东汉，当丞相的都要有地方行政长官的经历，正如韩非子所说的"明主之吏，宰相必起于州部。"——要有基层工作经验，这倒是汉代丞相制度的一个可圈点之处。

西汉时的丞相九卿制到了东汉变成了三公九卿制，丞相的人数从开国初期萧何的独相到后来周勃、陈平的左右双相再到了大司徒、大司马、大司空三公为相，人数的增加其实也是皇帝分散丞相权力的手段。而大司徒、大司马、大司空名为三公，在东汉时期只是名位崇高而已，其实都是空的；实权则在尚书，也就是皇帝的秘书处。

光武帝刘秀对他的老祖宗汉武帝以尚书台分丞相权的做法佩服得一塌糊涂，他进一步演化，扩大了尚书台的编制，以尚书令为主官，尚书仆射为副

汉光武帝刘秀

职，下设六曹，各以尚书主曹务，合称"八座"，这就开了后世六部尚书的先河。尚书台审读官员上奏的表章，代皇帝拟定诏令，尚书六曹分工与外朝机构对口，并事实上成为外朝机构的领导，换言之，由皇帝率领他的秘书班子来总成其事。这样，皇帝国家元首兼行政首脑的形象就更加鲜明了，故有"虽置三公，事归台省"之说。

然而，尚书令的品秩级别在东汉只不过相当于一个大县的县令，也就是六百石的年俸。而中央的九卿和地方上的郡太守都是二千石的品秩。光武帝是一位讲究尊礼大臣的皇帝，有新鲜难得的食品自己宁可只饱眼福，也要遍赐外朝大臣。而尚书台那帮秘书就没有这么好待遇了，不仅无赐食之荣，还常常饱尝皇帝的拳脚加恶骂。光武帝眼中的尚书官，仍只是自己的私从，与外朝大臣不属于同一行政系列。他这样的行为倒也开了后世官场的一种惯例：越是对你打骂，就越是视你为亲信、自家人；越是对你客气，就越说明你跟领导有距离。

尚书本是作为皇帝与外朝联络的机构，而当尚书台官员参掌政令后，为了避免机密泄漏，渐渐地便将与外朝官联络的职能转给了皇帝的另一类亲从官，即属于内朝的侍中、散骑常侍等。这些官原来的职务是陪伴皇帝，不但不能直接参预政事，有时还要做些"贱役"，如汉武帝时的名儒孔安国任此类官时就曾为皇帝捧唾壶。这类官承担宫内外联络任务后，"出宣王命，入纳章奏"，在行政过程中分量极重，地位也大大提高。于是，外朝的官员如果能兼任侍中、散骑常侍等职，不仅有了出入宫廷的通行证，而且还能参预到政令的制订中。"侍中"这个官职到了唐代成了门下省的正职长官，也是宰相之一。

由于政事都集中到了皇宫，丞相的黄阁已经不起作用，所以皇帝居住的皇宫就一分为二，前面部分辟为办公场所，后面的是皇帝与后妃、皇子们生活起居的地方，也就是所谓的后宫。

皇帝日理万机，即使在后宫休息也要随时与前殿办公的大臣们联系，跑腿的工作就交给了宦官，这样宦官的地位又突出了。宦官在传达两边的消息时，甚至不必更动字句，只要改变语气，就能使传达的信息发生微妙

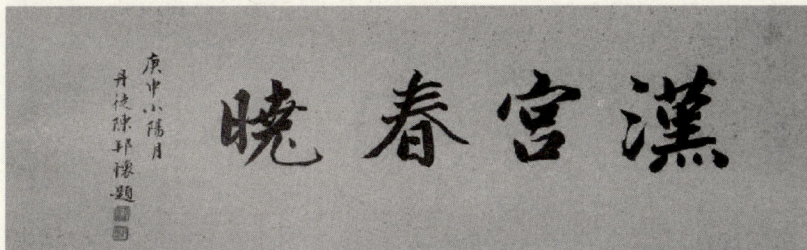

［明］仇英　设色长卷《汉宫春晓图》

的变化。想一想英语中的陈述句与疑问句，你就明白了。比如皇帝说：
"某某事可以照前例办！"宦官传达时把尾音一拖："皇上曰：'某某事可以
照前例办？'"这样大臣就会以为皇帝有疑问，甚至认为皇帝用的是反问句，
是否定的意思。这样的情况发生过几次后，皇帝与大臣均认为不能光靠宦
官传话，得有文字凭证，而宦官的文化程度又不到起草文书的水平，于是
皇帝就需要另设私人秘书机构来执掌此事。这个机构经孕育发展形成中书
监，主管称"中书令"。从秦代开始，官职前加"中"字的，都是由宦官
担任的职务，但中书监的主官中书令却不是由宦官担任的。

　　从此我们可以看到，由尚书省的正职长官尚书令、中书省的正职长官
中书令，以及门下省的正职长官侍中一起构成中央"三省"的制度，其实
在东汉时期已经萌芽。只不过东汉在名义上还是实行三公九卿负责的制
度，尚书令、中书令、侍中在名义上都只是皇帝私人的，但政令出自宫中
却已是铁板钉钉的事实了。

　　光武帝既然确立了"太傅"为最高品级，那么，太傅兼录尚书事，就相当于前朝的丞相了。从东汉到三国时期，如果任丞相职而不兼"录尚书事"的，就都是篡国者，因为他否定了政令发自宫中的传统。比如曹操和诸葛亮，曹操身为大汉丞相却不兼尚书台的工作，尚书令由仍旧忠于汉室的荀彧担任，所以后世称他不臣；诸葛亮尽管大权一把抓，却承认尚书台的权威，兼着"录尚书事"的工作，为他博得了尊王的千古美名。

　　光武帝的这番改革对于中央集权或者更确切点说皇帝专制当然是迈进了一步，但后世的史家往往批评光武帝"有事无政"——只是人事好，却没有立下好制度。

　　萧何那套制度被汉武帝破坏了，而光武帝不仅没有恢复反而走得更远。大凡人治人事，除了牵涉个人的贤愚长短，做事总还夹杂着个人好恶等私心感情；而政是指制度而言，大抵是出之于公，在公的用心下形成的一些度量分寸。宰相就应该是这种公道的代表。南宋的末代丞相文天祥说："挟公道者，宰相之责；而主公道者，天子之事。天子而侵宰相之权，则公道已矣！"只有在不"侵"宰相权的时候，才有公道可言，才有公道可期待。其他的情况呢？当然是一家之"私"或一己之"私"了。

　　明朝的史论家王夫之也说："宰相无权，则天下无纲。"天下事当与天下共之，非人主可得而私也！遗憾的是，光武帝继承了汉武帝的思想，也继承了汉武帝的私心。光武帝是个好皇帝，明帝、章帝也都好，但这只是人事好，皇帝好了事情也都好了；而到了皇帝坏了，事情也就坏了，东汉自和帝以降就再没出过一个好皇帝。诸葛亮在"隆中对"中就把东汉末年的分崩离析归咎于"桓、灵二帝"，这就是"有事无政"的结果。

　　从汉武以后，政治上实际已经没有了管束皇帝的制度，原本可以与皇权平等的相权最终走向两个极端：或者成为皇权的附庸者，或者成为皇权的觊觎者。

　　可惜了萧何的良苦用心！

第五章

两个丞相的样本分析

　　诸葛亮为啥称"贤相"而曹操为啥叫"奸相"？忠奸之分，谁说了算？曹操与诸葛亮其实只是一个硬币的正反两面。曹操老犯头痛病，谁知道诸葛亮也有一桩心病。

一

建安元年（公元 196 年）八月，被董卓的残部弄得流离失所的东汉最后一任皇帝汉献帝被曹操接到了许昌，诏告天下宣布迁都，同时任命曹操为大将军录尚书事，一代枭雄曹操成了东汉皇朝事实上的丞相，后世的戏文中都称"曹丞相"，也即从此而来。而曹操正式被封丞相，并且效仿萧何故事，赞拜不名、入朝不趋、剑履上殿，那是 13 年后的事。

建安十三年（208 年）六月，睥睨群雄的汉王朝名义上的司空领车骑将军曹操上表汉献帝，罢除包括司空在内的三公之位，重新设置丞相，并当仁不让地由自己出任了丞相，总揽朝纲。

曹操

天下舆论当即哗然！

所谓的哗然当然也是有一定区域、一定范围的。许昌周围是不会有问题的，那都是在曹操的掌控之中，舆论是只许顺从不许监督的，谁还敢说个不字？哗然的范围其实也就是曹操势力还不能到达的地方，南方的军阀如刘表、刘备、孙权，还有西北的军阀马腾、韩遂等，纷纷指责曹操此举意在篡国。

也就是从那个时候起，后世的戏曲舞台上就出现了一个头戴相翅官帽的白脸曹丞相形象。我们今天看到的还是这个样子，虽然有鲁迅、郭沫若等大家力图为他翻案，但恐怕总不能彻底平反昭雪了。

当个丞相怎么就引起这么大的反响？熟悉三国历史的人都知道，其实那时候的中央实际上早已是曹操的中央了，连最有资格和实力挑战他的竞争对手袁绍也早已灰飞烟灭了。汉王朝只不过剩了一个空壳子，所谓的"篡汉"其实也已经没有什么可供曹操去"篡"了。曹操要当丞相，不就是换个称呼叫叫嘛，值得那么大惊小怪吗？

怪就怪在我们不是汉朝人，我们当然不能理解。这里面其实大有文章。不仅大有文章，而且大有学问。透过"丞相"这一官职的象征意义，我们一直可以读到东西方政治体制架构的差异以及对后世政治的深远影响。

前文说过，汉献帝在建安元年授予曹操的官职是"大将军录尚书事"，后来因为袁绍的不满，曹操权衡利弊将大将军一职主动让给了袁绍，自己留下文职司空、武职车骑将军两个官衔，当然还兼着"录尚书事"。录尚书事的本意是作为皇帝的代表主管尚书台的工作。从曹操打败袁绍攻占邺城开始，他就越发不把汉献帝放在眼里，放眼朝中都是他的亲信耳目，汉献帝早已成了他的手中傀儡笼中鸟，所谓的政令皆自宫中出倒不如说政令皆自相府出，尚书台出台的文件并不代表汉献帝的想法，而都是他曹某人的意见了。后来，他干脆就将自己的办公中心移到了邺城，名义上是以司空开府，也就是司空府在这里办公。许都成了软禁汉献帝的地方，曹操只留下三个女儿算是嫁给汉献帝作夫人，陪着汉献帝以作监督，而将实际的中央政府都移到了邺城。他当了丞相后，根本不再理会尚书台的权力。心存汉室的尚书令荀彧被他逼得自杀，而汉献帝这个傀儡皇帝也是做定了。曹操当丞相，当然是另一种形式的独裁了，所以后世对曹操这个丞相的评价是两个字：权相或者说奸相。

考诸曹操的人生轨迹，其实他倒也是有过做汉室忠臣的想法的。23岁的时候，他从洛阳北部尉的任上被调回朝任议郎，这是一种不担任实际政务，专门负责向皇帝提供意见的言官。此时的曹操恐怕还在希望做一名

"治世之能臣"，所以他对改革朝政数度进言。但是改革就会触及利益，曹操受到了权贵豪强的排挤，并受妹夫的牵连一度被罢了官。

初遭政治挫折的青年，埋藏起万丈豪气和满怀抱负，回到他的家乡读书充电兼治疗心灵的创伤，这后来几乎成为他的一种习惯。在今天安徽亳州城东25公里的谯令寺，有一块高4米、面积约2000平方米的台基，据说是曹操罢官回乡后修的宅基地遗址。他的儿子曹丕，即后来的魏文帝，就是出生在这里。

曹操与他的前任董卓不一样。董卓出身于偏远的陇西临洮，一直可谓是处江湖之远。而从一个地方军阀上升为中央权臣，有一个心理巨变的过程。从落后的西北边陲来到政治中心的洛阳，这其间的巨大差异更甚于刘姥姥进了大观园。起初他既不知道皇帝有多少威势，也不知道众大臣有多少能耐，更不知中央军队还有多少实力。他只是一介武夫，必然会对天子头上的光环感到敬畏，也必然会因不

曹丕

懂得朝廷的繁文缛节及其自身的出身低微而感到自卑。而当他突然了解了一切，洞悉了一切后，犹如看穿了黔之驴的伎俩，看出所谓的泱泱帝国其实已是大厦将倾，自然也就把皇室君臣视同朽木，视同草芥，"彼可取而代也"的反叛谋逆之心也就生成了。而曹操则一直是居庙堂之高，对此洞若观火。

曹操自然不是丝毫没有权力背景的白衣出身，他的父亲曹嵩是中常侍曹腾的养子。我们前面已经说过，秦汉时期凡官职前面有"中"字的都是宦官，曹腾就是一位很有权势的大宦官，甚至还被封为费亭侯。曹嵩由于曹腾的庇荫，也曾历任司隶校尉（"首都警备司令"）、大司农（"农

业部部长"）、大鸿胪（"外交部部长"）等高官，汉灵帝中平四年（公元 187 年），朝廷公然出卖官爵，曹嵩还以亿万巨款买得太尉之职。有这样的权力背景，曹操当然不会一蹶不振。固然，朝廷很快征召他复职。而这一回，议郎曹操已看透了天下形势，知道汉室江山不可匡救，他也不复献言了。汉朝终于失去了一位"治世之能臣"，历史将成就一个"乱世之奸雄"。

从汉灵帝光和元年（公元 178 年）十月到光和三年六月，在家乡读书的 1 年零 9 个月时间里，曹操系统地研究了一些兵法书籍，《三国演义》里写到张松来访的时候他出示了自己的兵法著作《孟德新书》，这恐怕是小说家言，历史上并无记载，但曹操确实是中国历史上第一个删订注解《孙子兵法》的人。除了实用的兵法书籍外，这位年轻人似乎对法家的著作倍感兴趣。前期法家当中商鞅言法、申不害言术、慎到言势，而韩非子集其大成，首倡法、术、势相结合。所谓的法即法规，术即权变，势即权势。韩非子尤喜言术，他的"术"是充分运用"势"的术，也就是权谋和手腕。另外，他还

"东临碣石以观沧海"图（韩敏作画）

十分崇尚"力"，以为"当今争于气力"（《五蠹》），完全剥掉了仁义道德的外衣，赤裸裸地宣扬暴力哲学。这一点与后世希特勒所信奉的尼采、叔本华的"超人"哲学异曲同工。事实上，曹操在少年时期就表现出娴熟运

用权术的天才，所以他的思想与韩非子一拍即合。

他在官拜议郎之前，曾受司马懿的老子司马防的推荐，担任洛阳北部尉，相当于洛阳北部地区的公安分局局长。在那里，他就表现出了铁腕的手段：造五色棒，悬于城门左右，有犯禁者一律棒杀之。恰巧汉灵帝宠爱的宦官、小黄门蹇硕的叔父提刀夜行，曹操就把他抓来，立即棒杀。当时国家并未实行兵器管制，提刀夜行难道就犯了死罪？何况当时又非非常时期，何以实行宵禁？其实，正因为提刀夜行的是蹇硕的叔父，曹操才要杀他，因为杀他一人足以儆百。蹇硕的叔父就这样成了曹操推行自己法令的一件道具，而忽视了他作为一个活生生的人的存在。这就是所谓的法术。

还有一件事发生在建安二年（公元197年）曹操征讨张绣途中。当时曹军经过一片麦田，曹操为示他治军秋毫无犯之意，下令马踏麦田者斩。于是众军士个个小心翼翼，如同今天的侦察兵过雷场一般。偏偏老天爷要他出洋相，他自己的坐骑受惊后腾起，踏坏了一大片麦田。这下可难坏了军法官！最后，毕竟是曹操，想出个割发代首的妙计来，割下一束头发传示三军，就算军纪执行过了。其实这种权谋行为的法律漏洞是明显的：要是其他人的马踏坏了麦田是否也能割发代首呢？一束头发难道就可以代表脑袋了吗？这件事本身就是对法律平等性的公然亵渎，要么就是这道法律本身就不尽合理，两者必居其一。

曹操一生的事迹都是在法术的引领下展开，而这样的作为在道义上一无可取之处。即便是最为后世称赞的三道求贤令，细细推究也是他用心良苦、欺世盗名的表白。

第一道求贤令是建安十五年（公元210年）下达的。当时曹操新遭赤壁之败，他感到事业艰难，只有不断壮大自己的力量才能尽快完成统一大业，因此他在文中鲜明地提出了"唯才是举"的口号：管仲非廉士，陈平有盗嫂受金的恶名，但这样的人你们不喜欢我喜欢，你们不用我用，只要他有真本事。这是对当时选拔人才的旧传统、旧标准的挑战。这一次他是真心实意地"求贤"，这场挑战他赢了，一时间曹营人才济济，立即从赤壁失败的阴影里走了出来。

同一年，曹操马上又发布一道《让县自明本志令》，上表辞让皇帝原先封赏给他的阳夏、柘、苦三个县，声称自己当年的志向只不过是想封侯做汉家的征西将军，现在事业搞大了其实也是骑虎难下，"设使国家无有孤，不知当几人称帝，几人称王？"摆出一副救世主的姿态。其实，以当时的礼教，这几句话又岂是人臣所宜言？曹操说出这样的话，表示他已无人臣之心。然后曹操接下来又说自己也想解甲归田，却"恐已离兵为人所祸"，所以只好

曹操脸谱

继续自己的事业。曹操这段话听起来似乎有合乎情理之处，设想曹操果真功成身退，是很难做一个保全天年的富家翁的。因为汉天子猜忌他，政敌仇家也不会放过他。很多人认为以上这些话都是曹操的由衷之言，然而在"由衷"之余也暗示了他永远不会放弃军政大权。永远不释权，意味着身后让儿子继承自己的权势，并解决代汉问题。曹操辞让了汉献帝封赏的三个县，却同时为三个儿子讨了三个侯爵：曹植为平原侯、曹据为范阳侯、曹豹为饶阳侯，食邑各为五千户。曹操此时已经开始为儿子们考虑了，他时常以周文王自诩就是这个意思。文章闪烁其词，正是奸雄欺世之语！字面上好像是忠于汉室，实际上却是一纸试探逼宫而又掩其奸心的宣言，用通俗的话说叫"火力侦察"。曹操的真正用意是：我功盖天下，能代汉而不代，只留给后人收拾。这样我也算对得起汉室了，别人还要议论，那我也只能"走自己的路，让人家去说吧"。不难看出，这道令已是在向臣僚暗示其不得代汉的信息了。曹操自称《明志令》是效周公《金縢》之作——当年周成王怀疑周公有篡位夺权的野心，派人搜查周公的府第，试图找到罪证。结果周公府第里不但没找到罪证，相反有一份周公祈祷上天让自己替代武王生病的卜辞，也就是《金縢》之作——但周公《金縢》只是誓诸鬼神，藏而不显的；而曹操却要诏告天下，分明就是"此地无银三百两"了。

天津杨柳青年画"曹操逼宫"

第二道求贤令《敕有司取士勿废偏短令》，开头就说"夫有行之士，未必能进取，进取之士，未必能有行也"。这里所谓的"进取"已绝非开疆辟土了，因为当时曹操在西方已主动放弃了汉中；在东方对吴作战中也不曾动用大规模兵力去争城夺地，他似乎对三分格局也已认命，所以，他所说的"进取"，实质包含了代汉为魏的内容。

第三道《举贤勿拘品行令》中所说的"负污辱之名、有见笑之行，或不仁不孝"，无非是号召臣僚抛弃名教，勿以舍弃衰汉为不忠不孝不义及自取讥辱之事。

为此政治目的，曹操到了后一阶段不仅不"唯才是举"，而是要杀其臣僚中有大才、大名望、大影响而心思与己又不太一致者，荀彧、孔融、崔琰、杨修的被杀就有这方面的原因。尤其是荀彧，在曹操创业之时，他是谋主，为曹操的事业立下过汗马功劳，而且很多曹营人物也都是他推荐来的，曹操也曾把他比作萧何，还把自己的女儿嫁给了他的儿子荀恽。然而，荀彧的忠汉思想还较深，他跟随曹操从本质上是为了匡扶汉室，作为沟通皇帝与外朝的尚书令，曹操对汉献帝咄咄逼人的作为，荀彧都看在眼里，特别是到了后期，曹操要晋魏公、加九锡，许多臣僚都来劝进，独有荀彧唱反调劝阻，而荀彧在臣僚中的影响又很大，所以曹操终于下决心要杀他。有一次曹操派人给荀彧送去一盒食品，荀彧打开一看却空无一物，意思大概是"你吃不吃东西都一样了",就是要赐他死。此时荀彧也只好识相,不得不死了。

建安十六年(公元211年),曹操打败马超,平定关中,完全统一了北方。曹操为名正言顺地号令各地,废除了实施已经200多年的"三公"制度,重新设置丞相之职,并自命为丞相,把朝政牢牢握于手中。此时的曹操战功显赫,挟天子以令诸侯,于是汉献帝下诏允许曹操"赞拜不名、入朝不趋,剑履上殿。如萧何故事"。

作为皇帝,皇权对相权的退让已经到了最后的底线,但曹操还是诸事独专,步步进逼。他还设立了一种叫"校事"的官职,专门替他搜集情报、监视汉献帝及文武官员,换句话说,也就是建立起了一个直属于他的特务机构。

汉献帝终于忍不住了,有一次当面对曹操说:"你如果能够辅佐我,那就请好好辅佐,厚道一点;如果不能,那么请你开恩放了我吧。"面对皇帝突如其来的反抗,饶是奸雄如曹孟德也大惊失色,环顾左右,汗流浃背,竟然说不出话来。不过,从此之后,他就把汉献帝晾在一边,不再上朝了。

建安十七年十月,那个当初教他"挟天子以令诸侯"的谏议大夫、马屁精董昭又揣度他的意思倡议要给他晋爵加九锡。

所谓晋爵就是从侯爵晋升为公爵,请求汉献帝封曹操为魏国公,并且可以设置自己的官员臣僚,一如汉初诸侯王的制度;所谓九锡是指九种代表荣誉的物品:一曰车马,指金车大辂、兵车戎辂外加黑马八匹;二曰衣服,指衮冕之服,加上配套的赤舄鞋一双;三曰乐县,指定音、校音的器具;四曰朱户,指朱漆的大门;五曰纳陛,是登殿时特凿的陛级,犹如今天的贵宾专用通道;六曰虎贲,守门的警卫士兵三百名;七曰弓矢。指特制的红、黑颜色的专用弓箭;八曰斧钺,用来诛有罪者的大斧头;九曰秬(jù)鬯(chàng),指供祭礼用的香酒,以稀见的黑黍和郁金草酿成。

别看这九样东西说出来其实并没有什么稀奇的,关键是它的象征意义。据说上古的时候尧舜禹禅让时都用过这九样东西,所以它就成了改朝换代的前奏与信号。为了使改朝换代更加符合当时的法理观念,权臣在夺

取皇位之前，通常都是先晋爵建国，封公或封王，赐九锡，然后登九五之位，这俨然已经成了禅代或者说篡夺的惯例。

其实，所谓的九锡，传说有这九样东西，可谁也没见过，谁也没用过。历史上第一个真正被授予九锡的是王莽。王莽这个人好复古，言必称三代，事必据《周礼》。他要效法周公，就伪托周公曾受九锡，于是给自己也颁发了这九样东西。通过加九锡与禅让两个阶段，王莽完成了由权臣向摄政宰衡，再到假皇帝，最后禅为真皇帝的飞跃。于是加九锡、禅让就成了解决专制王朝政治危机的一条途径。王莽通过受九锡而登上皇位，建立新朝。然而，王莽代汉最终以失败而告终，故新朝在历史上也被视为伪朝；而曹操是继王莽之后第二个受九锡的人。

曹操通过加九锡、封公建国，最后由其继承人曹丕因之而终于完成禅代，建立魏朝，这一变局对后世影响深远，可以说，九锡制与受命禅代的最终确立是在曹操父子手中。而作为东汉王朝的丞相，最终完成对东汉王朝的篡夺，曹操也为后世谋朝篡位的权相树立了一个榜样。

到了后来，司马昭又从曹操的子孙手里受过了九锡，而南朝宋、齐、梁、陈的开国皇帝也都曾受过"九锡"，于是乎，"九锡"几乎成了篡逆的代名词。再到后来，篡位的皇帝们就懒得再用这玩意儿了。

曹操是建安十八年五月正式受九锡的，朝廷还专门发布了一篇《九锡文》诏告天下。《九锡文》虽然是以汉献帝的名义颁发，但此时献帝已完全受制于曹操，故其文毫无隐讳地说出了曹操想说的话。文章首先叙说了曹操的大功十余件，并称赞曹某人"虽伊尹格于皇天，周公光于四海，方之蔑如也。"——以伊尹、周公自比，曹操在这方面和王莽如出一辙，极其相似。然后就是《九锡文》的重点和实际内容了：其一是扩地加封，"今以冀州之河东、河内、魏郡、赵国、中山、常山、巨鹿、安平、甘陵、平原十郡，封君为魏公"；最后特别强调："魏国置丞相已下群卿百僚，皆如汉初诸侯王之制。"

之所以特别强调如"汉初诸侯王之制"，是因为诸侯王的官制在汉代变化很大。汉初诸侯王"拟于天子"，"百官皆如朝廷"，很快就形成诸侯王尾大不掉之势；汉景帝用晁错"削藩"之策，平定吴楚七国之乱，汉武帝又用主父偃之谋，颁布"推恩令"将诸侯国划而小之，逐步分割和削弱了王国的地盘和权力。《九锡文》强调魏国置官如汉初之制，就是允许曹操在加九锡后，其制"拟于天子"，"百官皆如朝廷"，曹操可以建立一个独立于汉王朝之外的魏国了。

受九锡后，曹操又很快将汉官都转为魏官。《三国志·魏书·夏侯惇传》记载，当时曹营诸将都从汉朝的官职转为了魏国的官职，曹操可能是考虑到跟夏侯惇关系太过密切，不太好意思叫他直接做自己的臣僚，所以仍然保留着夏侯惇的汉官职位，没有让他转到魏国的官员行列里去。夏侯惇自己着急了，连忙上疏曹操，强烈要求做魏国的将军。曹操还客气一番，说："区区之魏，而臣足以屈君乎？"夏侯惇再三表白，说我乐意！我乐意！我就是要做魏国的官！于是曹操拜他为前将军，这位盲夏侯这才心花怒放笑得咧开了嘴。可见，曹操通过受九锡，晋爵封国，不仅使汉献帝成为名副其实的傀儡，而且把汉朝的朝廷都完全架空、偷光了。

这其间，汉献帝的几个亲戚：国舅董承、国丈伏完等曾先后图谋干掉曹操还政于献帝，但都事情败露，反而引祸上身。曹操先是当着汉献帝的面处死了董承的妹妹董贵人。董贵人是汉献帝宠爱的嫔妃，此时已经怀有身孕，汉献帝低三下四地央求曹操放过她，但曹操板着脸就是不依，最后董贵人被绳索活活勒死；十多年后，曹操又故技重演，把毒手伸向皇后伏后和两个皇子，派接替荀彧的尚书令华歆带人进宫抓捕皇后。汉献帝赶忙让伏皇后藏匿在内宫的夹墙内，华歆进来后找不到伏皇后，就命军士翻箱倒柜、拆毁宫墙寻找，最终伏皇后披头散发地被军士从夹墙中拉出来。路过汉献帝身边时，伏皇后绝望地哀号："陛下，你就不能救救我吗？"汉献帝却只能唯唯诺诺地说："我的命都朝不保夕，又如何能救得了你！"话音未落，掩面而泣。于是，伏皇后被杀死在大牢中，她所生的两个儿子也都被毒酒毒死。之后，曹操又把自己的三个女儿曹宪、曹节、曹华一并送入宫中给汉献帝做"贵人"，从而达到全方位监控汉献帝的目的。

这个时候，曹操篡汉的野心已经天下尽知，连江东的孙权都"在远称

臣"，向曹操陈说天命，要他尽快称帝。不过，曹操脑袋倒还清醒，知道孙权绝不是为自己好，他把孙权的信烧了，嗤之以鼻地说："这小子想把我放在火炉上炙烤呢！"他说，当年周文王已占尽天下大部分地盘，仍然做着商纣王的臣子，直到他的儿子武王才伐商立周。如果我们曹家有天命，"吾其为周文王！"

这句话，可以看作是曹操的政治遗嘱！半年之后，曹操一命呜呼。再过了大半年，他的儿子曹丕就完成了禅代手续登上九五之尊，当了魏文帝，追尊曹操为魏武帝，所以后世又称曹操为魏武。

作为魏国的肇始者，魏武帝是雄才大略、功业千秋的；而作为汉朝的丞相，曹阿瞒则是奸诈残忍、穷凶极恶的。因为曹操的行为破坏了丞相的制度，不能称之为"公道的代表"，还是拿文天祥那句话来说："挟公道者，

阎立本《帝王图》中的魏文帝曹丕

宰相之责；而主公道者，天子之事。天子而侵宰相之权，则公道已矣！"——那么宰相侵天子之权的时候，公道当然也"已矣"。无论是帝王还是宰相，以一家之"私"或一己之"私"，破坏权力的二分原则，都是对公道的践踏。这是中国政治的"恶之花"。

二

建安二十五年（公元 220 年）十月，曹丕废汉献帝自立。传闻汉献帝已经遇害。次年四月，刘备便在成都宣布接过了汉室的旗帜，做皇帝了。

他作文告天地称："备畏天明命，又惧汉阼将湮于地，谨择元日，与百寮登台，受皇帝玺绶。"诸葛亮被拜为丞相。于是，又一个丞相的样本诞生了。

补充交代一句：诸葛亮出生的那年是闰年，有两个九月，在第一个九月的初一，天空出现了日食。琅琊郡阳都县诸葛家的次男就在这一天诞生了。也许就如日食所暗示的，今后将是一个黑暗的时代，取"亮"这个名字，就是希望这个孩子能为世人带来光明。

诸葛亮当初答应刘备的三顾茅庐出山相助不仅是冲着刘备这个人，更是冲着"汉室"这面旗帜。所以他的行事风格与曹操形成了鲜明的对照。

诸葛亮

刘备与诸葛亮曾有过约定，叫作"政由葛氏，祭则寡人"，也就是说军政大事均由诸葛亮负责处理，刘备则做象征性的国家元首。蜀汉章武三年（公元223年），刘备伐吴吃了陆逊火烧连营的大亏，在白帝城一病不起，向诸葛亮托孤时更是明言："若嗣子可辅，辅之；如其不才，君可自取。"意思是阿斗如果扶不起，你可以废了他自己做皇帝。这样的说法是出于真心还是假意，是对诸葛亮的试探还是天下为公的交代，当然已经很难下定论。我们现在要探讨的问题，不是刘备要不要诸葛亮当皇帝，而是诸葛亮自己想不想再上一个台阶，由宰相登上龙椅。蜀汉政权中的尚书令李严也曾猜忌诸葛亮有不臣之心，搞了一次"火力侦察"——《三国志·李严传》注引《诸葛亮集》云："（李）严与（诸葛）亮书，劝亮宜受'九锡'，进爵称王。"

在是否受九锡的问题上，诸葛亮表现出与曹操截然不同的坦荡。他回复李严说："吾与足下相知久矣，可不复相解！"轻描淡写一句话，既不惺惺作态地表现出极大的愤慨，也不模棱两可地欲受还拒，态度很鲜明：不值一提！然后他又说："若灭魏斩（曹）睿，帝还故居，与诸子并升，虽十命可受，况于九（锡）邪。"——从来就没有"十命"的说法，诸葛亮却拿来随口一说以"十"替"九"，表示出对"九锡"之说的十分不屑。这样的回复当然有名士的做派，但其心迹的袒露已经让人毋庸置疑。

曹操与诸葛亮，两个人的为政之道、行事方式自然天差地别，而更关键的一点是诸葛亮虽然身为丞相，却仍兼着"录尚书事"的职务。这一职务体现的是政令发自宫中的传统。也正因为这样，就为诸葛亮博得了"尊王"的千古美名。

公元 226 年，魏文帝曹丕病死，其子曹睿即位为魏明帝。消息传到成都，诸葛亮认为北伐的时机到来了，次年他领兵进驻汉中，准备出师北伐。临行前，他给后主刘禅上了一道表章，这就是著名的《出师表》。因为数年后他还上过一道出师的奏章，为区别起见，两篇文章分别称为前、后《出师表》。

两篇《出师表》都被收入了清初吴楚材、吴调侯选编的《古文观止》，成为千古传诵的不朽名篇。自古以来读者莫不感叹诸葛亮在文中表达出来的誓死伐魏、"鞠躬尽瘁、死而后已"的精忠精神，有人甚至说："读《出师表》而不泣者，非人也。"然而，我们今天再来读这两篇文章，却发现这里面还包含着有关皇权与相权的更多政治信息，从某种意义上说，前后两篇《出师表》实在是诸葛亮心病的流露！

诸葛亮有什么心病呢？刘备在白帝城托孤时指着后主刘禅对诸葛亮说过"如其不才，君可自取"的一番话，这番话就成了诸葛亮后半生的隐痛和心病，政敌们因了这句话可以趁机进谗，刘阿斗因了这句话也就有理由防你丞相一手。所以，两篇《出师表》潜在的主题都是担心自己伐魏远去之后发生宫廷之变，所以苦口婆心、剖露心迹，以期得到后主的信任和支持。

前《出师表》极力强调"宫中府中，俱为一体，陟罚臧否，不宜异同"，要防止"内外异法"。也就是说宫廷里和丞相府都是一体的，没有两个权力中心，所以你做皇帝的不必担心，而且要一视同仁，以昭"平明之治"。另外表中还极力举荐了郭攸之、费祎、董允、向宠等一干人。这些人的官职是侍中、侍郎和将军，从内朝、外朝的体系上讲，应该是属于皇帝身边的内朝官员，不是丞相辖下的行政官员。皇帝身边的内朝官员当然不止这几个，但这几个人是诸葛亮比较放心的。他要后主全力信任他推荐的这班人，也是有难言之隐，怕其他人趁他远去乘机进谗，所以要后主充分信任，任用自己放心的人物，让自己去得放心。这也不是没有道理，大臣李严、廖立以及宦官黄皓等都曾在诸葛亮背后搞过手脚，而阿斗又是个没什么主见、耳根很软的皇帝。到文章的最后，诸葛亮更是"临表涕泣"，将心病情不自禁地暴露无遗。伐魏即伐魏，何用"涕泣"？只因汉贼不两立、王业不偏安，身提重师万万不可不发，而心牵纯物又万万不能少宽——可怜诸葛亮这一副眼泪！所以金圣叹批才子古文时就一针见血地指出："此表所忧，不在外贼，而在内蛊也。"

诸葛亮只恐自己权盛遭忌，要是换了司马昭就不用忌了。因为大权在握，即使发生宫廷政变也没有什么大不了、不可收拾的，像司马昭要解决魏主高贵乡公曹髦，只不过废了走狗成济的一支戟和一颗替罪的脑袋而已。然而诸葛一生唯谨慎，他担心的不是生前之事无法应付，而是他身后的评价。如果像司马昭那样，那么在今人的眼里，诸葛亮恐怕也就成"诸葛不亮"了。在后《出师表》中，诸葛亮意识到各种情况出现的可能性，自称"凡事如是，难可逆料，臣鞠躬尽力，死而后已"，这既是在向后主刘禅表心迹，也是在向后世之人表明自己的无奈。诸葛亮毕竟是儒家文化的继承者，儒家的主体意识表现在他身上竟是那样的沉重。

三

好人做人做事都做得那样沉重，而恶人却无所顾忌一路畅通，这是中

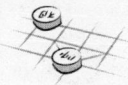

国文化的令人扼腕之处。

构成中国文化主体意识的诸子百家中对后世影响最大的就是儒家和法家的思想，汉武帝采用儒生董仲舒的建议"罢黜百家，独尊儒术"，两千年以降看起来都是这般施行。其实，除了春秋战国时期，学术昌明，各派肇始，大家界线清楚、壁垒分明外，到了后来，各种思想已是融会贯通，互相影响，你中有我，我中有你。汉武帝虽说独尊儒术，但他的真实思想难道就一定是儒家的了？观其行事，恐怕还是法家的成分多一些呢。所以，后来汉宣帝很老实，坦白说："汉家自有制度，本以霸王道杂之。"

儒家讲仁政、讲修身齐家治国平天下，寄希望的是个人的秉质，是对自己的约束，无论你是君主还是宰相。在诸葛亮的心目中，无疑是儒家思想占据了上风，所以无论他多么的权倾一朝，他都无法抛弃对自己的约束。问题是，中国主流的儒家思想从来没有讨论国家、君臣的主权意识和界限，却只单方面、单维度地片面强调"忠君"，所以，无论刘禅如何不胜任一个君主的担当，作为丞相的诸葛亮都必须"知其不可为而为之"；而法家重法术，它给了人施展权谋和手腕的自由，尽管法家也强调"制断在上"、"君操其柄，臣事其常"，但从本质上讲，它更推崇弱肉强食的丛林法则，于是曹操辈终于层出而不穷。

其实在儒家的先哲当中，孟子是敏锐地看到这个问题。处在"上古兑于道德，当今争于气力"的战国时代，他首先将至高无上的君权作了"社稷"与"君"的二元划分，提出了"民为重，社稷次之，君为轻"这样的口号，他甚至更进一步描绘了这样的君臣关系：

> 君之视臣如手足，由臣视君如腹心；君之视臣如犬马，则臣视君如国人；君之视臣如土芥，则臣视君如寇仇。（《孟子·离娄下》）

这样的话在今天看来当然没什么大不了，然而在当日，不难想象，这对于一个君主将会是怎样的震撼！齐宣王当年最尊宠文学游说之士，成为广大学者们的恩主和赞助人，像邹衍、田骈、接子、慎到、淳于髡等人都投到了他的国度，齐宣王也都一一赐给高门大屋，任为大夫，优渥有加。

而孟子却让他不怎么待见。有一次，他用迂回的方式问孟子：照你的说法，君臣关系是对等的，不是君尊臣卑，那为什么礼法上还规定，臣子要为已故的君主戴孝呢？

原来，当时有一条礼法，规定臣子"以道去君而未绝者，服齐衰三月"，也就是作为臣子的即使离开了你的旧主人，当旧主人死了，你还是要戴三个月的孝。齐宣王就利用这一条，委婉地质问孟子。

孟子的问答毫不客气，他说：君主如果有道，臣子就不会"去君"。即使有特殊原因离开了，大家好聚好散，做到各自有礼，那么旧主人死了，做臣子的就为他戴孝三个月；而如果做臣子的劝谏不被接受、建议不被听从，民众又得不到实惠，那么臣子就有理由离开君主。君主不但立即收回了臣子的封地、俸禄，还要千方百计地难为臣子，想让臣子无处立足，那么他们的关系就成了仇敌。已经是仇敌了，君主死了，还为他戴什么孝？——像后来的伍子胥，连掘墓鞭尸的事儿都干出来了，儒家传统对他的评价倒也不是一味指责。

孟子此论一出，齐宣王只得"王顾左右而言他"了。

时间过去了一千六七百年，孟子的这段话却在明代引来了一场巨大风波——明朝的开国皇帝朱元璋读《孟子》读到这一段，勃然大怒，恶狠狠地说了一句：孟轲这老儿要是活到今天，老子定饶不了你！

原来，朱元璋即位当了皇帝后，装腔作势也要以名教示人，以身作则（"以身作则"这四个字在明初是千万用不得的，因为朱元璋把"作则"看作是"作贼"，以为是在讽刺他的出身，许多大臣为此脑袋搬了家）要读圣贤书。但以皇觉寺小和尚这点文化程度，也就只能读读最基础的"四书五经"了。然而乍读之下，朱皇帝简直不敢相信自己的眼睛：《孟子》这部

98

历代读书人必修的经典著作，竟然会出现这样在他看来大逆不道的话！朱皇帝当然不能把一千多年前的古人怎么样了，何况孟子已经被儒家奉为"亚圣"，地位仅次于孔夫子了。然而，当大臣来报告要举行祭孔大典时，朱元璋立即下令，撤去孟子在孔庙配享的资格，并将他赶出孔庙。同时下令，"有谏者，以大不敬论死罪，午门金吾射之"。

岂料此令一出，还真有不怕死的。刑部尚书钱唐当即抬棺上朝，毅然冒死进谏："臣为孟轲死，死有余荣。"

午门当值的金吾将军遵照皇帝的命令，一箭射中了钱尚书的肩胛窝，顿时流血满地，而钱唐依然面不改色。朱元璋倒一时反被怔住了。

君臣之间的主权问题未能解决，付出血的代价的又岂只钱唐一人？我们继续回到君权与相权的讨论——

在前面的章节中，我们曾讲到韩非子的三个故事，在第三个故事中韩非对齐桓公放手任用管仲颇有微词。在韩非看来，委任贤者治国是不错的，但君主也万万不可安逸，像齐桓公那样放弃了不可释手的监督权是十分危险的——因为，如果管仲是个贤人，他可以像商汤夺其君主夏桀之国、周武王夺其君主商纣王之位那样，取而代之，从而出现贤人篡政的局面；而如果管仲是个不肖之人，更是会像田常弑其君齐简公那样，取而代之，出现不肖人篡政。不管管仲是贤还是不肖，齐桓公这样当甩手掌柜随时都有被弑而位夺国灭的危险。韩非以为，假如说齐桓公深知管仲忠心耿耿，不会欺骗他，那似乎也只是碰巧了。因为他不仅委政管仲，管仲死后他后来也委政竖刁、易牙。正是竖刁与易牙，使得齐桓公的儿子们兄弟阋墙，桓公身死之后尸体腐烂都无人去埋葬。所以，韩非下了结论：齐桓公委任臣下太过专任，只能算是"暗主"；而"明主"是不能对臣下过于专任的。

齐桓公究竟属于明主还是暗主，这不是我们在这里要讨论的话题。而韩非在文章中提出了"贤人篡政"与"不肖人篡政"这两个概念，在分析了曹操与诸葛亮这两个丞相的样本后，我们可以发现，这两种情形并非危言耸听而是真实存在的。从秦汉到魏晋南北朝一直到隋朝的再次统一，历经两度大一统、两度大分裂，表明封建中央集权的确立并非一帆风顺。统治集团内部存在着激烈的权力再分配斗争，这种权力的斗争集中体现在皇权与相权的相互消长上。当皇权加重、相权受到削弱时，掌握军权的权臣、外戚甚至宦官则假借皇权擅权乱政，致使政治混乱和社会动荡；而当相权强于皇权时，又有权相取代皇权的危险，以致出现挟天子以令诸侯，最后取而代之改朝换代的现象。接下来的一个时期，就是皇权与相权反复较量的时期，诸多登台的人物就在成为曹操抑或是诸葛亮的选择中确定着自己的人生坐标。但尊王也好，篡国也好，中国的封建体制终于没有走出一条新路来，无非在独裁这枚硬币的两面翻着。

····································

第六章

王与马，共天下

　　知不知道中国历史上还有这样的时代，
几大家族可以与皇帝平起平坐。晋朝的皇权
衰弱真是因为它得位不正酿下的"原罪"吗？
而与贵族世家共治天下的门阀政治难道就一
无是处吗？

一

公元 317 年，司马懿的曾孙司马睿在建康（今江苏南京）即位，重建晋朝，称晋元帝。为了和司马炎建立的晋朝（西晋）相区别，历史上把这个朝代称为东晋。

晋朝是中国历史上皇权最弱的一个朝代，无论西晋、东晋都是如此。从某种意义上说，这跟司马氏皇位得来不正有一定的关系。晋朝的江山跟它的前代魏朝一样都得之于权臣篡夺，也就是相权对于皇权的侵占。而对于改朝换代，中国的老百姓宁愿相信外部的革命而不愿承认内部的变革，似乎只有彻底的暴力才能改变神意将天命重新授予一番。因此，他们崇尚刘邦那样的疾风骤雨、大破大立，而像王莽、曹丕、司马炎那样的偷梁换柱则是不被正统的舆论所认可的，甚至有史论家把这些朝代都称为"闰统"，也就是说它只是像正常年份突然出了个闰月一样是个变数。

我们探讨相权与皇权的博弈，到了晋朝确实出现了变数，那就是相权被抬升到几乎与皇权平起平坐的地位，形成了后世所称的"门阀政治"。

晋朝的皇权衰弱有它特殊的原因，利益集团内部的不团结致使皇权的核心基础薄弱。司马懿的子孙们似乎比任何一个封建王朝的子孙都擅长互相残杀。从某种意义上说，这其实也怪司马懿自己。

司马懿是趁着曹爽陪魏帝曹芳祭祀高平陵之机夺得大权的，他怕日后自己的子孙谒陵时也会发生类似的事变，因此他临死时严申不准子孙谒陵的命令，并且规定坟墓不起坟、不植树，以后去世的眷属也不得合葬。

这实在是道很奇怪的命令，中国人对死后的哀荣几乎看得跟生前的富贵一样重要，哪怕是寻常百姓也都希望在死后每逢清明、冬至有子孙团聚上坟祭扫"伏惟尚飨"的，为什么权势炙人到可以一手遮天的司马懿却要自断自己的生后哀荣？而不起坟、不植树这样的做法似乎又是学习他的前辈曹操曹孟德。这里面只能有一种解释：那就是曹操、司马懿在他们自己的潜意识里对于相权篡夺皇权的事实、对于自身权力的正当性也很不自信。"君权神授"的观念毕竟根深蒂固，饶是曹操、司马懿，在内心深处也不无忌惮，担心偷换神意而遭到神的报复。可叹的是，司马懿的子孙们却严格地执行了这条祖训，因而晋代皇帝的陵墓一直未被发现，成了后世考古之谜。

然而我以为司马懿的这一规定却极不明智。中国文化的凝聚力就在于对祖先的尊敬和对家族家庭观念的尊重。司马懿破坏了这一种凝聚力，以至于司马氏的后代祖不祖、子不子、孙不孙。著名的"八王之乱"就是司马家族三代人之间的一场乱七八糟的混战。晋朝开创至二代，这场混战就开始了，而经过"八王之乱"的西晋王朝终于如烂泥扶不上墙，成为历史上皇权最薄弱的一个朝代。

皇权的薄弱就为相权的崛起创造了十分有利的条件，从理论上讲，晋朝是最有可能改变中国历史上权力结构走向的一个朝代，因为在司马睿的东晋朝，相权几乎上升到与皇权平起平坐、平分秋色的地步，而相权背后的门阀势力更有些类似于古罗马元老院的作用。然而，古罗马的民主政体终于还是没有在东晋朝萌发出哪怕一点点苗头，历史还是按照它既定的轨迹前行，仍然没有摆脱皇权、相权博弈的这条路轨。

二

面对北方游牧民族的强大压力，司马氏家族开创了开拓南方市场的历史先河，此后的皇朝一旦失去中原就会想到南渡偏安，如南宋、如南明，南方成了中国历史的后庭，大家一起高唱《玉树后庭花》。这样的规划，可以说是晋元帝的一大贡献。

从一方诸侯到九五至尊，司马睿从东渡到登基，主要依赖了北方大族王导、王敦兄弟的大力支持。

当初，司马睿刚刚来到南方，声名未著，到了建康许久，江南的士族地主们都不买他的账，对他竟然熟视无睹没有人去登门拜访，是王导率先来"抬轿子"，给了司马睿"露脸"的机会：三月初三上巳日，南方有一种习俗叫"观禊"，也就是去郊外的水边举行一种祭祀仪式，即王羲之的《兰亭集序》中所谓的"修禊事也"。我怀疑这种习俗应该是春秋战国时期的楚文化、越文化的遗存，当然这样的推测未经考证，但有

王导

一点可以肯定：这是当时南方的一个重要节日，在这一天，有头有脸的人物都会涌向一个指定的水边场所。王导建议司马睿也去参与这样的活动，以示对南方风俗的尊重。不仅要参与，还要好好利用这一次机会，策划一场公关活动。王导让司马睿坐轿前行，自己与族兄王敦以及从北方南迁的诸多名士骑马相随，排场搞得很大，以显示司马睿的威风。他们这一路招摇过市，一场路演果然镇住了南方的大族领袖，南方士族的首领顾荣、纪瞻等都跪拜在路边，以示臣服。

当时的南北差异很大，甚至语言也不相通。为了融合南北关系，王导从语言着手，开始有意学说吴语，也即江浙口音。在他身体力行的带动下，南方官员也投桃报李，纷纷学起了官话雅音，也即洛阳普通话。消除了南北双方语言沟通的障碍后，王导又做起了"猎头公司"的工作，帮助司马睿招致了许多北方士族南渡来投，并且任用其中有才能和声望之士，先后任命了一百零六人做司马睿的掾属，时人称为"百六掾"。一时间，司马睿的人气指数直线飙升。

可以说，若没有王导，司马睿无论如何都登不上九五之尊。所以，在

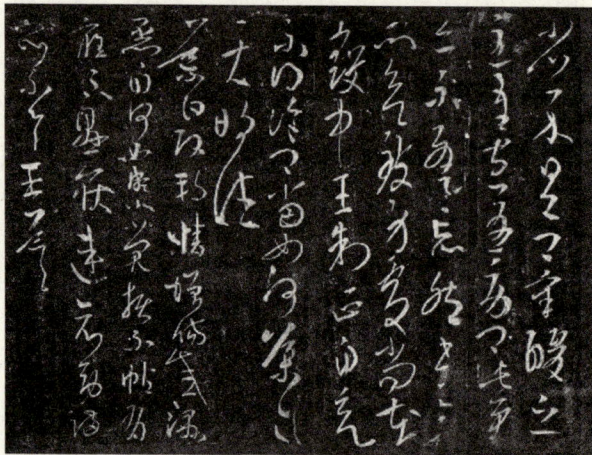

王导书法《省示帖》

登基大典那天，新皇帝司马睿突然拉住王导的手要跟他一起同升御床，一同接受群臣的朝贺，表示了愿与王氏共有天下的意向。

这实在是历史上史无前例、空前绝后的一幕！

这个意外的举动着实让王导吓了一跳，自古天无二日，在众目睽睽之下怎么敢与新皇帝携手并进呢？于是他连忙推辞说："太阳岂能与万物同辉，君臣名分是有区别的！如果天上的太阳也和地上的万物一样，那么老百姓又该到哪里去沐浴太阳的光辉呢？"——应该说，这是王导当时的真实想法，听他这么说了，晋元帝意味深长地看着他，这才没有勉强他。

此后，司马睿对王导始终十分尊敬，称王导为"仲父"，拜王导为扬州刺史，录尚书事，也就是实际上的宰相。王导每次上朝，司马睿都要起身相迎，如当年的萧何故事。王导位高权重，联合南北士族，运筹帷幄，纵横捭阖，政令已出。王敦则总掌兵权，专任征伐，后来又坐镇荆州，控制建康。

王氏兄弟权倾内外，历元帝、明帝、成帝三朝，王导的地位一直十分崇高。成帝给王导的手诏总是用"惶恐言""顿首言""敬白"之类的礼貌用语，他还亲自驾临王导的府邸，礼敬王导的妻子。事实上，东晋的势力范围在长江中下游和以南的闽中、岭南地区，除岭南地区在广州刺史陶侃

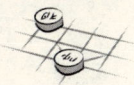

的治理之下，其余各州郡都属扬、荆二州，也就是都在王导和王敦的掌控之中，所以民间就有了"王与马，共天下"的说法。

皇帝与宰相共有天下，倒是开创了中国历史的先例，"王与马，共天下"，这句话也成了东晋门阀政治的标志。作为一种政治运作方式，门阀政治乃是士族与皇权的共治，是一种在特定条件下出现的皇权政治的变态。它的主要特征是几乎与皇权平起平坐的"共治"，从某种意义上说，我们也可以把它看作是一种类似近代英国模式的虚君政治。这是在分裂、混乱的东晋特有的一种模式。而一般意义上所谓的门阀社会则仍是在君主专制的框架内对贵族的尊崇，比如后来的隋唐，仍旧是回到了大一统专制的格局，不存在相权与皇权的共治。

皇权当然不甘心与士族把持的相权平分秋色。"王与马，共天下"这样的说法传到司马睿耳朵里当然是听了不舒服的，尽管他在登基之日倒真的做出过"一字并肩"那样的举动。我们分析他的心理，很难说他当时的行为不够真诚，只是此一时也彼一时也，既已登上了九五之尊的宝座，那么，他也就跟所有的皇帝一样相信自己的君权由神授了。既然是神授的君权，又岂肯与人平分共治？

皇帝想削弱王氏的势力了。他开始启用刘隗、刁协为心腹大臣，分散王导的权力；同时私下调整军事部署，释放扬州地区内沦为奴仆的北方流民，把他们编为军队，让南方士族戴渊统领，名义上是为了北伐，其实矛头是针对掌握军权的王敦。

皇权与相权的斗争到了这种局面，其实已经是在逼迫王导做出选择了：要么退回去，回到皇权独尊的传统；要么更进一步，行篡夺之实改朝换代。然而，晋朝之所以成为一个变数，就是因为王导没有走这两条历史的老路，而是选择了第三条道路。

王导的选择是以不变应万变。儒家的伦理约束让他无法从周公的角色逆转为王莽的角色；而他身后士族势力的蓬勃崛起又不是孱弱的皇权可以抑制的。所以，进也不行，退也不行，王导是泰山崩于前而不改色，仍然保持着常态，不作任何计较。而他的兄长王敦就没有那么好性子了，按捺不住，终于在武昌起兵了。

当王敦反叛的消息传来时，有人劝司马睿尽诛王氏家族，人们也议论纷纷都为之担心。王导的表现又让人大跌眼镜：他既不响应王敦，也不脱逃，而是率领族中兄弟子侄二十余人，穿着罪人的囚服每天天一亮就到台阁处等待议罪领罚，态度很好。

毕竟没有任何证据证明身在朝中的王导与远在武昌的王敦有任何瓜葛，况且要动王导还得顾忌他身后所代表的庞大的士族势力。司马睿不敢轻举妄动，还给王导朝服，并召见了他。王导叩首答谢说："叛臣贼子，哪个朝代没有呢，但想不到会出在我们王氏家族中。"他说得诚恳，司马睿听着似乎也很感动，赤着脚走下来拉着王导的手说："茂弘，我正要托付公侯之命与你，你怎么说这样的话呢。"于是下诏说："王导以大义而灭亲，可以把我任安东将军时的符节授予他。"——两个人的戏都做得很真。

其实，王导这是以退为进，他认为佞臣扰乱朝纲，最初也是同意王敦率军"清君侧"的，所以，王敦的大军很快攻进了首都建康。事成之后，皇室势力受到严重打击，而王敦仍不善罢甘休，企图进一步篡权夺位，王导就站出来予以坚决制止，出面维护皇权。王敦无法实现他的野心，只好率兵退回武昌。历史上打着"清君侧"名义的军事行动有无数次，唯有这一次控制得很好，算是纯粹的"清君侧"。

晋元帝动摇不了王氏的势力，忧愤交加，在内忧外患下一命呜呼，王导辅助晋明帝司马绍即位。王敦又认为有机可乘，再次图谋篡位。这一次，王导旗帜鲜明地站在了皇室一边。此时，王敦正领兵大肆向京师进犯，而坊间却有传闻说王敦其实已经病入膏肓。王导利用纷传的小道消息大做文章，干脆率领族人为王敦发丧，宣布他已经死亡。

"被死亡"的王敦影响力出不了军帐，那时候也没有电视讲话可以澄清辟谣，于是群龙无首，军中士气一落千丈；而晋朝中央军则大受鼓舞：与一个死人作战有什么好怕的！王敦本来已经病重得难以下床，再被自家兄弟这么一气，立刻作了古。王敦之乱宣告平定。

在皇权与相权的拉锯争夺中，晋明帝也学会了以退为进。表面上为了表彰王导的大义灭亲，他宣布进封王导为太保，食邑 3000 户，赐绢 9000 匹，后又进位太傅，可佩剑上殿、入朝不拜。但明眼人一看就清楚：这样的殊荣就是跟当年曹操一样了！王导心里当然也很清楚，他既要现世的权力更要后世的令名，所以，对这些殊荣，他是一概谢绝，坚决辞让。

经历了这样的变故，无论是晋明帝还是王导，心里总会有些芥蒂。所以，王导到了晚年，几乎完全不理政务，人家送来的报告，他只管签字画押。他自己也感叹说："人们说我糊涂，但后人会怀念我这种糊涂的。"

王导的糊涂其实是表现出来的糊涂，是一种无可奈何的糊涂。虽然说"王与马，共天下"，其实，"共天下"的并不只有"王与马"，那个时代参掌政权的不只琅琊王氏一家，而是好几个家族，如桓氏、谢氏、庾氏等。经过了王敦之乱后，王氏家族军政两手抓的格局被打破，威信也江河日下了。暮年的王导孤掌难鸣，不知他会不会怀念当日被他大义灭亲了的兄长王敦。

三

司马睿与琅琊王氏兄弟的政治合作开启了东晋的门阀政治，而与司马氏皇室"共天下"的其实不止王氏家族，而是一个庞大的门阀家族势力。琅琊王氏之后，颍川庾氏、谯郡桓氏、陈郡谢氏又先后当权，王与马共天下的局面，也相继变成了庾与马、桓与马、谢与马共天下的格局。在门阀政治的总框架下，几个大的门阀世族之间彼此牵制、互相掣肘，虽说皇权一直不振，"马"总是排在别人后面，表现为"主弱臣强"，但司马氏的皇权终于还是游丝不绝。

当然了，历史总是想回到它的老路上去，所以这种变数也时常有被打破的可能：

王导之后的又一权臣桓温就没有王导那么瞻前顾后、考虑身后的名声。桓温有句名言，那就是：做人如果不能流芳百世，哪怕遗臭万年也值得！

平心而论，桓温其实是个很有进取心的人，在前期，他效仿诸葛亮六出祁山曾经主持了东晋历史上有名的三次北伐：

永和十年（公元 354 年），桓温率 4 万晋军直捣关中，接连击败前秦的主力，眼看着就要攻下长安，但此时晋军粮草供应却出现了问题，无奈只好撤军，功亏一篑。

两年后，桓温组织第二次北伐。这次他把重点攻击目标锁定在羌族首领姚襄身上，双方在河南伊水交战，桓温身先士卒，三军将士无不拼命，很快把姚襄打得溃不成军，晋军胜利收复洛阳。随即桓温上书朝廷，请还都洛阳。但皇帝和朝廷却怕桓温有异心，告诉他"我在南方很好的"，不愿迁都洛阳。桓温一片苦心付诸东流，只得率军南撤，放弃了东晋统一全国的良机。桓温这次北伐路过金城（今江苏句容县）时，看到自己担任琅琊太守时种下的柳树已经长到十围粗，不禁折下一根柳枝感怀叹息，发出了千古一叹："树犹如此，人何以堪！"——想当年，自己还是 20 出头的小伙子，意气风发，如今满脸沧桑，却仍功业未就，想着想着，眼泪就止不住地流了下来。

桓温雕像

回到江南后，金城折柳的一幕从心头挥之不去，于是，在太和四年（公元 369 年）四月，桓温率 5 万将士第三次北伐。此前，参军都超曾劝他选在秋季出兵，因为那时已是秋收季节，遍地稻穗，军粮更有保证。但

是，一万年太久，只争朝夕。求功心切的桓温等不到秋天了。然而，这一次运气就没有那么好了，他遇到了特别能打仗的前燕南讨大都督慕容垂。一个南讨，一个北伐，两下一较量，桓温被切断后勤保障通道，一败涂地，伤亡3万余人，铩羽而归。

历经三次北伐，桓温已经60多岁了，那个时候的60多岁可不像今天，简直可以称垂垂老者了。虽然已经无力再领兵北伐，但称雄天下的野心却还在心中翻腾。而朝廷上下，从皇帝到群臣，却重清谈而少务实，老庄的无为思想成为主流意识形态，与桓温的追求格格不入。晚上睡觉时，桓温抱着枕头叹息，就说出了"流芳百世"与"遗臭万年"那句名言。这句话其实也可以说是对从前王导面临的两难选择的一种桓温式回答。

参军郗超是最懂桓温的。他告诉桓温：我知道你忧愁于自己的一事无成，其实要让天下人认可你也不难。前朝就有霍光的故事，你完全可以效仿！——郗超的一句话，把桓温从诸葛亮的轨道拉到了曹操的轨迹上。两人越坐越近，谋划起一桩天大的阴谋……

太和六年（公元371年），一向平静的首都建康忽然谣言四起：晋废帝的三个皇子其实都不是皇帝亲生的！皇上有阳痿的难言之隐，根本不能生育，他让自己的男宠与宫中嫔妃交媾，生下了三个皇子。而如今，皇上却要将三个皇子封为亲王，以便今后继承皇位，这岂不是动摇了司马氏的皇家基业！

晋废帝司马奕老实本分，平日里也没什么过失，怎么会有这样的丑事发生？起初人们都不怎么相信，可谣言越传越盛，不由得人们起了几分疑心。躲在幕后的桓温见火候差不多了，就径直跑去找皇太后："皇上昏慵愦乱，不得人心，请太后废黜皇上，另立会稽王司马昱为帝。"说着，桓温就从袖筒里抽出事先拟好的皇太后诏令，请太后盖印确认。皇太后褚蒜子不禁潸然泪下，这哪是请求，简直就是命令了。可她一个妇道人家面对颐指气使的桓温，又能有什么办法抗争。

桓温心满意足地从太后那里讨到了懿旨，立即派部属到皇宫里控制了晋废帝。次日早朝，桓温也不啰唆，直接抛出皇太后懿旨，群臣都目瞪口呆。这边，司马奕已被从皇宫中押解出来，坐上牛车黯然离开，贬为海西县公；司马昱被扶上皇位，是为简文帝。这套做法司马氏的祖先十分熟稔，只是没想到主客之分却颠了个倒。

桓温之所以看中司马昱，主要是因为司马昱年事已高，而他的几个成年的儿子都已相继病故，仅有一个小儿子尚且年幼，这样就便于桓温的控制。

扶立新君后，桓温便开始马不停蹄地铲除异己，大家族庾氏、殷氏一家及其党羽被杀得七零八落。司马昱的亲哥哥、武陵王司马晞是一员沙场猛将，桓温对他颇为忌惮，便也捏造罪名诬告他谋反，三番五次地要求简文帝诛杀他。简文帝被逼得没法，只好向桓温摊牌：如果晋朝的国运还能延续，就请你饶了他一条性命；否则，我也只好自请让贤。桓温这才放弃了诛杀司马晞的念头，把他们一家流放到极其偏远荒蛮的新安（今浙江淳安）。

从此，桓温在朝中为所欲为，不可一世，连侍中谢安见了他，远远地就赶紧跪下来叩拜。桓温还摆出一副吃惊的样子问道："谢大人，你这是做什么呀？"谢安答道："世上哪有君主叩拜于前，臣子反而作揖的道理。"——连简文帝都要拜你了，我能不拜吗？

简文帝将桓温封为丞相。桓温本来应该留在建康辅政，但是他这个总理却不愿意留在中央，他不顾简文帝的反对，仍然回到自己的根据地姑孰（今安徽当涂），而

谢安

把亲信郗超封为中书侍郎，留守建康，自己遥控指挥。当年曹操做丞相，也不在许昌上班，却在邺城开府，历史都有先例的。

桓温离开了建康，作为傀儡的简文帝还整天坐卧不安，生怕哪一天也被桓温废黜了。直到郗超拿自己的性命向简文帝保证，废立皇帝的事情绝

不会再发生了，简文帝才稍稍安心。

简文帝当了不到一年的皇帝，身体就撑不住病倒了，看着自己年仅10岁的儿子，不仅黯然神伤。他给桓温一天之内发去四道诏书，催促桓大丞相赶快回首都接受遗命，辅佐幼主。然而，桓温就是迟迟不肯动身。简文帝终于明白了桓温的潜台词，想想自己10岁的幼子哪里是人家的对手，没奈何只得下了最后一道遗诏："桓温可依照周公的先例辅政，太子能辅佐则辅佐，不能辅佐就请取而代之吧。"

这样的遗诏当年刘备也给诸葛亮下过，看来在那个乱世的年代倒是一种通行的做法。不过，侍中王坦之看过遗诏却气愤地当着简文帝的面将它撕得粉碎，凛然道："江山社稷，是先帝辛辛苦苦创立的，皇上怎么能说让就拱手让人呢？"简文帝听后惭愧，就去掉了遗诏后面"取而代之"的话。

不出几天，简文帝就龙驭上天了。太子司马曜继位，是为晋孝武帝。桓温接到简文帝的死讯，本来还做着受禅让做皇帝的美梦，没想到最终却连个"摄政"的位置都没捞到。怪只怪自己做得不够绝，螺丝拧得不够紧，以致最后的临门一脚球踢飞了。他心里也愤懑不平，于是在宁康元年（公元373年）二月，挥兵直指建康，企图武力篡位。但是朝中却有谢氏、王氏家族全力支持皇室，谢安更是沉着应对，让桓温无计可施，只得悻悻回到姑孰。但他心中的权欲之火并没有熄灭，刚刚回到姑孰，他就派人来建康要求孝武帝给他加授"九锡"，没过几天，还接连派人来催促。

谢安当然明白不能和桓温硬碰硬地对着干，表面上答应了桓温的请求，并让大臣袁宏起草加授"九锡"的文书。袁宏很快草拟了文书拿给谢安过目。这会儿，谢安玩起了文字游戏，磨磨蹭蹭地对袁宏起草的文书改了又改，改了又改，一连改了十几天都没有改定。

袁宏怕桓温耐不住性子翻脸，就跑去找尚书仆射王彪之商议。王彪之倒心如明镜："桓温那个老东西已经病入膏肓，他是想在死前得到'九锡'的封号，时间拖得越长他就越难得逞！"果不其然，几天之后，传来消息：桓温死了，"九锡"的封号自然也就与他无缘了。

四

与司马皇室共天下的桓氏又成了明日黄花。现在该谢安登场了。

这位出身高门士族的大名士在入仕之前一直隐居在会稽山阴之东山（今浙江上虞），与王羲之、孙绰等名流携妓宴游，生活潇洒得一塌糊涂，后世的李太白对他羡慕得也是一塌糊涂，"谢公东山三十春，傲然携妓出风尘"，好几首诗里李白都提到他并引以为榜样。

谢安的妻子，是名士刘惔的妹妹，她看见谢家各门都地位显赫，只有谢安隐居山林，于是就对谢安说："大丈夫不想富贵吗?"谢安遮掩口鼻低声说："恐怕不可避免。"其实，终老山林

谢安携妓图

岂是谢安的志向，面对各大家族争权夺利的腐败政治，谢安只是采取以静制动、静观事态的策略而已。

当谢安的弟弟谢石北征兵败，被朝廷废为庶人，谢氏家族面临衰败时，谢安就一改初衷，"东山再起"，入朝出仕了。

一开始，他应桓温之邀出任桓温手下的司马。谢安从新亭出发，百官都来为他送行，御史中丞高崧对他开玩笑说："足下屡次违背朝廷旨意，高卧东山，众人常常议论说，谢安石不肯出山做官，将怎样面对江东百姓！而今江东百姓又将怎样面对出山做官的谢安石呢!"谢安听了面有愧色，但此时的形势已经不容他再高卧东山了。

他到了桓温的府第，桓温十分高兴，二人畅谈生平经历，欢笑终日。离开后，桓温得意地对左右人说："你们是否见过我有这样的客人？"后来，桓温去谢安的住处，正碰上谢安整理头发。谢安性情迟缓，许久才理罢，让侍从取来头巾。桓温制止说："不急，不急，慢慢来，让司马戴好帽子再相见。"——桓温就是如此器重谢安。

为了家族的利益，谢安忍辱负重，卧薪尝胆。而桓温对他也刻意笼络，十分敬重。但当桓温与司马皇室发生激烈争斗时，谢安坚决地站在了皇室一边，反对桓氏的篡权行为。说到底，儒家的传统思想仍旧指引着他的脚步。谢安终于离开了桓温，入辅中央，并且受到朝廷的重用。

宁康元年（公元 373 年），桓温入京朝见孝武帝司马曜，太后褚蒜子命谢安及侍中王坦之到新亭迎接。当时，建康城里人心浮动，有人说桓温要杀王坦之、谢安，晋室的天下要转落他人之手。王坦之非常害怕，谢安却神色不变，说："晋室的存亡，就取决于此行。"

桓温抵达后，百官夹道叩拜，莫敢仰视。桓温接待百官时，在隔壁伏下了甲兵，如果话不投机就准备大开杀戒。当时有官位声望的人都惊慌失色，王坦之更是汗流浃背，连手版都拿倒了。只有谢安从容就座，坐定以后，对桓温说："我听说诸侯有道，守卫在四邻，明公哪里用得着在墙壁后面安置人呀！"桓温被谢安揭穿，笑着说："正是由于不能不这样做。"于是就命令左右的人让甲兵撤走，与谢安笑谈良久。

由于谢安的机智和镇定，桓温始终没敢对二人下手，不久就退回了姑孰。王坦之当初与谢安齐名，众人至此才分出二人的优劣。后世对宰相的性格要求中有一条叫"每遇大事有静气"，也就是要沉得住气，谢安可谓是这方面的典型。

桓温死后，谢安升任尚书仆射、录尚书事，成为东晋王朝的宰相。其时，朝廷上下要对桓氏家族秋后算账的呼声四起，桓氏门人也各不自安。而谢安却表现出一个政治家的深谋远虑，他看到历年来士族门阀的争权夺利已使得晋王朝危如累卵。而桓氏家族属军事实力派，桓温死后由其弟桓冲代掌兵权。如果此时与桓氏家族反目成仇，势必大伤元气。

在这种形势下，谢安决定摒弃个人恩怨，调和笼络各派政治势力。他委桓冲都督江、荆、梁、益、宁、广等7州诸军事，领扬州刺史，并且对桓氏集团中的桓石虔、桓石民委以重任。这种"和静"的政策，营造了宽松的政治环境，有效地融合了各大士族派系，使东晋在淝水之战前形成了空前团结的政治局面。

公元383年，前秦苻坚率领着号称百万的大军南下，志在吞灭东晋，统一天下。当时军情危急，建康一片震恐，可是谢安依旧镇定自若，以征讨大都督的身份负责军事，并派谢石、谢玄等率兵8万前去抵御。

谢玄手下的北府兵虽然勇猛。但是前秦的兵力是东晋的10倍多，谢玄心里到底有点紧张。出发之前，谢玄特地到谢安家去告别，请示一下这个仗怎么打。但谢安神情泰然，毫无惧色，回答道："朝廷已另有安排。"过后默默不语。谢玄不敢再问，便派好友张玄再去请示。而此时，谢安却已驾车去山中别墅，与亲朋好友聚会，然后才与张玄坐下来下围棋赌别墅。谢安平常棋艺不及张玄，这一天张玄心慌，反而输给了谢安。谢安回头对外甥羊昙说："别墅给你啦。"说罢便登山游玩，到晚上才返回，把谢石、谢玄等将领都召集起来，当面交代机宜事务。

当时，桓冲在荆州听说形势危急，打算专门拨出3000精兵到建康来保卫。谢安对派来的将士说："我这儿已经安排好了，你们还是回去加强西面的防守吧！"将士回到荆州告诉桓冲，桓冲很担心，对左右将士说："谢公的气度确实叫人钦佩，但不懂得打仗。眼看敌人就要到了，他还那样悠闲自在。兵力那么少，又派一些没经验的年轻人去指挥。我看我们都要失败做俘虏了。"

同年十一月，谢玄派遣猛将刘牢之以5000精兵奇袭，取得洛涧大捷。十二月，双方决战淝水。战前，苻坚傲慢地扬言投鞭可以使长江断流，谢玄则故作谦卑地要求秦军退让三舍以便晋军渡河决战。苻坚满以为让7万晋军渡过河来就是让羊送入狮口，于是答应了谢玄的要求下令退后。

前军后退，后军却不知原因，再加上东晋的细作混在秦军中制造混乱，四下高呼："秦军败退了，秦军败退了！"这一退果然收不住阵脚。什

么叫兵败如山倒？这就是兵败如山倒！谢玄、谢琰和桓伊率领晋军 7 万战胜了苻坚和苻融所统率的前秦 15 万大军，并阵斩苻融。淝水之战以晋军的全面胜利告终。

当晋军在淝水之战中大败前秦的捷报送到时，谢安正在与客人下棋。他看完捷报，便放在座位旁，不动声色地继续下棋。客人憋不住问他战果如何，谢安只是淡淡地说了一句："小儿辈大破贼。"直到下完了棋，客人告辞以后，谢安才抑制不住心头的喜悦，舞跃入室，把木屐底上的屐齿都碰断了——毕竟也是人呐！在独处时也有沉不住气的表现。

淝水之战的胜利，使谢安的声望达到了顶点，以总统诸军之功，进拜太保。士大夫以仿效谢安为荣，据说谢安好读"洛下书生吟"，但谢安的鼻子有毛病，发音重浊不清，当时的读书人有学丞相发音，鼻子没有毛病的人也都用手捂着鼻子读。这当然是桩笑话轶闻。

但是，门阀政治的共治局面毕竟是一种极不稳定的结构，尤其是皇权不甘心旁落，总想着反攻倒算；而掌权的门阀大家也迈不过道德与礼制的门槛不敢再越雷池一步，因为一旦失去了精神上的道统，阀阅的门楼也将轰然倒塌。跟王导一样，谢安也在努力寻找着平衡，但他的结局却也是功高遭忌。

孝武帝与谢安之间渐生嫌隙。会稽王司马道子聚集起一批奸佞之徒，他们交相作恶，排挤谢安。一日，孝武帝召大臣桓伊宴饮，谢安作陪。孝武帝命桓伊吹笛，桓伊神色自若地吹了一曲，然后又让家奴吹笛，自己抚筝而歌唱怨诗："为君既不易，为臣良独难。忠信事不显，乃有见疑患。周旦佐文武，《金縢》功不刊。推心辅王政，二叔反流言。"——他是用周公忠心辅佐成王而被管、蔡二叔流言攻击的典故为谢安鸣不平。在座的谢安流下的眼泪弄湿了衣襟，越席来到桓伊的身边，将着自己的胡须说："使君在此表现得很不一般！"一旁的孝武帝听了则显出惭愧的神色。

当然了，谢安可以不顾孝武帝的感受径自越席去跟桓伊交谈，而言谈之中针对皇帝的怨怼之情又十分明确，这样的场景也只有发生在门阀政治的特殊背景下。

谢安后来为了远离是非就出镇广陵，直到他病重的时候才被送回京城建康来。在进建康西州门的时候，他告诉谢家的子弟他做了一个梦。他说："从前桓温执政的时候，我常常担心不能保全身家。忽然有一天梦见自己乘坐桓温的车驾走了 16 里地，看见一只白鸡后停了下来。乘坐桓温的车驾，预示着我将代替他执掌朝政。16 里地，是指我从执政到今天刚好过了 16 年。白鸡属酉，如今太岁星在酉，是凶兆，我这病大概是不能好了。"——确实如他所言，66 岁的谢安很快病逝了。

谢安逝世之后，民间将他尊奉为神，称为"谢千岁""谢圣王""谢王公""谢老元帅""广惠圣王""广惠尊王""广应圣王""广应尊王""显济灵王""护国尊王"等等，不一而足。唐代陈元光将军率领官兵进入福建漳州时，携带谢安之香火，并尊奉谢安为"广惠王"。此后，广惠王的信仰，也随着漳州人来到南洋、台湾等地。中国历朝的宰相中，在后世有如此影响力的只有诸葛亮与谢安。

五

从王导到桓温到谢安，乱世的宰辅们始终在君相关系上艰难地寻找定位。从个例上分析，由于身处乱世，君主的才能又都平平有限，不足以独断乾坤，宰相们的选择似乎较之平日有了更大的余地。然而，这种选择并非只是依据当时的形势，更要经过自身道德与价值的门槛考量，还要经得起后世的拷问。作为儒家文化的传承者，谢安恪守了君相之道的传统规范，也为后世宰相树立了温柔处世、宽和待人、镇以和静、御以长算的典范。

而从制度上考量，其实宰相们的选择余地也并不大，因为东晋南朝是由几个大家族代表着门阀贵族势力共同主政，这个时期，皇权受到了空前的压缩，而相权则得到了扩张，但是这种扩张又不是无限的扩张，而是受到各大家族的相互牵制。这就是王导虽然可以利用其兄王敦的势力"清君侧"却不敢有进一步的作为，桓温即使已经把谢安、王坦之等百官掌控在军营却不敢贸然加害，谢安担心谢氏家族彻底衰落才于 40 多岁东山再起

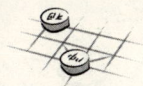

的原因。几大家族的共同主政在历史上被称为"门阀政治"时期。

如果贵族们能够协商决策，在制度上想出新办法，设立立法机构代行皇帝的立法权，并以此机构限制皇帝的决策权，那么，中国政治制度的走向或许会与古罗马的元老院议事制度殊途同归。但是遗憾的是，东晋的门阀贵族们显然已经全然忘记了部落酋长会议那种议事方法。他们暗中角力忙于家族力量的此消彼长，而皇权则成了这种消长角力的仲裁与旗号。所以他们不可能从根本上解决皇权与相权的主权问题，而只是从现成的制度中，挑出行政决策的主要环节加以利用，以期达到限制君权、保障贵族权益并平衡各大家族相互权力的目的。中国最终没有真正出现"相权政治"。

北京大学历史系的田余庆教授论述门阀政治，认为这种士族与皇权的共治，只是"一种在特定条件下出现的皇权政治的变态"，它的存在是暂时的，它来自皇权政治，又逐步回归皇权政治。

六

门阀世家与皇权共治的一套办法归纳起来是：以中书令负责代皇帝起草诏令；以尚书令负责汇总政令，实施政令；以侍中负责审核、批驳章奏和诏令。具体的事务处置流程是：尚书令先提出解决问题的预案，经侍中复审，送中书令再审，并提出相应的决策意见，再交皇帝亲阅。皇帝阅后，由中书令拟诏书，以皇帝的名义交侍中复审，如无意见，则予以公布并交尚书令执行。后世的三省六部制也就是在这一套办法上建构的。

这一办法使得皇帝和三位主官都不能单独完成决策和形成决策文件，从而形成了相互制衡。但是这种制衡仅仅是在行政决策环节上的制衡，皇帝一言九鼎的立法权并未在制度上予以削弱，皇帝仍保持着形式上的最高决策权，因此皇帝的态度会影响作为决策参与者的另外三位主官。

这套办法看起来很美，但是它还带来另外一个问题，那就是实际操作的小官吏借着制度的便利趁机架空皇权与相权，达到弄权谋利的目的。而那些门阀政治中世家大族凭借门第出身，可以世代做大官，可以凭借权势攫取大量财富，所以世家大族往往拥有大量土地，过着富裕悠闲的生活，崇尚清谈，鄙薄吏事，即使做官，也要做那些清闲而少实务的官，所谓"月俸百千官二品，朝廷雇我作闲人"。一个很典型的例子就是王羲之的儿子王徽之。

王徽之是个狂放不羁的人物。他平生爱竹，就说一日不可无此君；兴致起来，他可以雪夜乘小舟访友戴逵，而到了戴家门口又兴尽而返，掉头回去。这样一位人物做司空桓温的参军时，蓬首散带，"不综府事"。后来又做了车骑将军桓冲的骑兵参军。有一次桓冲问他：卿管领的是哪个官曹？

王徽之答：不知道是哪个官曹，经常见人牵马来，好像是马曹。

桓冲又问：既是管马曹的，那么官家有多少匹马呢？

王徽之很坦然地说：我一点也不问马事，怎么能知道马的数目呢？

桓冲被他的回答弄得一时语塞，又没话找话地问：近来马死了多少？

答曰：我都不知道活马，怎么会知道死马呢？

王徽之的糊涂确实已经到了极致，因为他连自己管的部门叫什么都搞不清，当

王徽之

［元］张渥《雪夜访戴图》

时只有骑兵曹，并无马曹。但是他的回答却暗藏了两处典故。"不问马"的典故源自《论语·乡党》，据说孔子退朝归来，得知马厩起火，询问道："伤人乎?"而"不问马"。又所谓"不知生，焉知死"则源自《论语·先进》，子路问孔子有关死的事，孔子答道："未知生，焉知死?"这本是孔夫子对重大哲学问题的巧妙回答，却被王徽之借用来跟长官对话。而作为长官的桓冲，内心还是希望王徽之能做些事的。《世说新语·简傲第二十四》载：

> 王子猷作桓车骑参军。桓谓王曰："卿在府久，比当相料理。"初不答，直高视，以手版拄颊云："西山朝来，致有爽气。"

长官鼓励他做些事，他却答非所问，谈起了西山早晨的清爽之气，可谓是开了"今天天气哈哈哈"的先河。

当然了，东晋南北朝时士家大族子弟尚清谈、无为的做派与清朝末年八旗子弟的堕落还是有区别的，后者纯粹是沉溺于物欲的享乐，而前者更多的是追求哲学的思辨。玄学的清静无为，不仅是对闲适生活的向往，其实也包含着识大体、弥缝矛盾的深意。在几大家族矛盾日益白热化的当口，这种清静无为的玄学不啻是一剂清凉药。

然而，正是几大家族成员在玄学指导下的自律与退让，反倒让实际的权力落到了小官吏的手中。那些官品不高却干实际事务的官，皇帝不得不任用出身寒门、有办事能力的人来担任。这些人在实际的政治生活中产生越来越大的影响，尤其是中书通事舍人一职，其地位更显突出，到后来甚至权倾朝廷。

中书通事舍人是中书省的一个九品低级官员，职掌文书与诏命的出纳。中书省机构为三国时魏文帝曹丕所建，掌管机要，长官为中书令、中书监，其下为中书侍郎、中书通事舍人。中书通事舍人官品虽低，但因掌管诏命出纳，从事机要工作，权任很重，又与皇帝接触较多，容易成为皇帝的亲信。加之这些人出身寒门，容易控制，不像出身世家大族的官僚那样倨傲，而且这些人较有办事能力，往往成为皇帝的重要助手。而中书令、中书监一般由士族大官僚担任，职位虽高，大权却已旁落。到了南朝，中书省的实际权力渐渐操纵在中书通事舍人手中。这在宋文帝统治时期已经显露出来，至宋孝武帝时就非常突出了。

戴法兴，山阴（今浙江绍兴）人，家里很贫穷，年轻时曾在老家山阴贩卖葛布，父亲也以贩卖苎麻为业。后来去投官府当了一个小吏。宋孝武帝即位后，戴法兴任中书通事舍人，专管内务，权重当时，为孝武帝的心腹耳目。这个人恐怕可以称之为"绍兴师爷"的祖师爷。还有一个巢尚之，也是出身寒门，被说成"人士之末"，孝武帝即位后也担任中书通事舍人。凡官员的选拔、任命、调职以及诛杀、赏赐等，都由戴法兴和巢尚之商量着办，两个人因此成了没有宰相头衔的宰相。

孝武帝去世，由刘子业继位，江夏王刘义恭录尚书事，总揽大权。刘义恭是名义上真宰相，而戴法兴、巢尚之两个假宰相执权已久，威行内外，连刘义恭这个真宰相都怕他们三分，虽然受诏辅政却回避政务，因此戴、巢二人仍然专制朝廷，诏令都出自他们二人之手，刘义恭、颜师伯二人虽任宰执，其实仅有空名而已——宰相的实际大权旁落在小官吏手中，这又是南朝的一个变数。

刘子业生性残暴，恣意胡为，戴法兴便利用手中的权力对其多加抑制，刘子业心中颇为不平。刘子业宠爱宦官华愿儿，赏赐无数，戴法兴也常常在拟诏颁奖的时候加以裁减，因此华愿儿也深恨戴法兴。这位小宦官就到刘子业那里去挑是非，他对刘子业说："外边都在传说宫中有两个天子，戴法兴是真天子，而你皇上倒是假天子。"由于华愿儿的进谗，刘子业终于免掉了戴法兴的官职，将戴法兴赐死，死后甚至截掉棺材的两头。同时，巢尚之也被免去了中书通事舍人的职务。

到了宋明帝时，又有阮佃夫、王道隆、杨运长三人以中书通事舍人之职弄权于朝廷。他们三个都出身小吏，精于吏事，比起戴法兴、巢尚之来胆子更大、权势也更大。阮佃夫甚至参与策划杀刘子业、立宋明帝这样的大事。

到了齐、梁两朝，中书通事舍人弄权现象更见突出，齐武帝萧赜时的

中书通事舍人茹法亮，善于奉承，受到齐武帝的亲信，权势日盛。身为太尉的王俭常说："我虽然任高官，据大位，而权力怎及得上茹公！"梁武帝时的中书通事舍人朱异因有权势，对士族、贵戚等态度倨傲，有人劝他不要这样，他说："我出身寒门，如果对他们谦逊，他们会更加看不起我，所以我必须要装出一副看不起他们的样子来。"

南朝中书通事舍人弄权成为"假宰相"反映了东晋南朝的门阀势力正在无可奈何地衰落下去。而我们前文所说的世家大族与皇权制衡的那套办法，到了贵族门阀势力实力消衰时，恰恰又反过来成为君主限制臣下权力的方法。隋文帝将这一办法加以规范，形成了对后世影响深远的"三省六部"制，历史又进入了另一个重要的阶段。

....

第七章

宰相也有个委员会

　　隋唐的宰相有一帮人，这一帮人构成一个宰相委员会。皇帝的敕命一定要经过宰相们集体开会通过才能真正算是政府的命令。没有宰相们的同意，皇帝连任免一个官员都不可以，当然了，除了卖官鬻爵的"斜封官"。后来，斜封官太多，连办公的地方都坐不下了。

一

　　公元 581 年，北周的大丞相杨坚接受北周皇帝的"禅让"，登上皇帝宝座，改元开皇，建国号隋。

　　听起来，似乎一切都是老套，然而，在老套的故事里却有新内容。

　　隋朝是中国历史上未被深刻重视的一个朝代，它与秦朝的惊人相似不仅在于两者都将分裂的中国进行了短暂的统一并且分别留下了万里长城、大运河之类的宝贵遗存，更在于它们在制度设计上的影响力远远超出了它们的政治统治所能企及的时间范畴。秦朝在统一国家、统一文字、统一度量衡的同时，发明了皇帝与郡县制度；而隋朝在完成版图统一、完成民族融合的同时，也为后世贡献了三省六部以及科举选士的制度，这套制度一直影响着此后的中国历史，并且成为文官政治的典范。

　　作为隋朝的开国皇帝，隋文帝这个人没什么其他爱好，连好色这点男人的天性都被老婆独孤皇后管得死死的，所以他只好一门心思扑在工作上。史书记载，在他的时代，"事无大小，咸关

隋文帝

127

圣听",以致"营造细小之事,出给轻微之物",臣下都要向他报告,由他措手裁决。他下令将前朝遗留下来的太师、太傅、太保、司徒、司马、司空之类特级高官"开府置僚属"的待遇一律取消,也就是说这些高官都不得拥有自己的办公厅,由此,这些传承已久的职位统统变成了荣誉官衔。同时,他确定以尚书、门下、内史(隋以后恢复古称,为中书省)三省的长官尚书令、纳言(隋以后恢复古称,叫侍中)、内史令(隋以后称中书令)共为宰相。

秦汉两晋的宰相位列三公,"三公"的称谓从字面上来看既表示尊崇,同时又多少带有些"公"的色彩,而从隋朝开始,不置三公,宰相彻底成了皇帝的私官。

当然了,隋文帝确立的这三个机构,其设置其实也始于魏晋,原来都是服务于内朝的侍从机构。我们前面说过,最初在汉朝时内朝的侍从机构只有一个尚书台,曹丕称帝后,吸取他们父子篡汉的教训,认为尚书台权力过大,为了分权又设置了中书省。中书省掌握机要,负责起草和发布政令,逐渐成为事实上的宰相府,而尚书台倒降级成了执行机构。到了司马氏的晋朝,又将汉代的侍中一职扩充为门下省,作为皇帝的侍从和顾问机构,长官仍为侍中。侍中的地位不高,却因近侍皇帝而握有大权。

及至南北朝,国家颁布重要政令前,皇帝都要征求侍中的意见,门下省遂成为参与国家大事的机构。门下省在隋初是谏议机构,掌管审查政令等事务,长官就叫纳言。后因隋炀帝不喜欢纳谏,就将谏官全部罢废了。

可以说,从东汉到魏晋南北朝,都存在着一种特殊现象,即宰相因人而设,无定员,无定名,也无定职。但有一点是确定的,即能掌握实权的宰相都必须加上"录尚书事"的称号,以此区别于不处理日常公务的其他荣誉宰相,如三公之类。而隋文帝则将三省共同承担宰相之职的制度加以确定,成了一项固定的制度,三省长官组成一个"宰相委员会"共同承担责任,"录尚书事"这一从前显赫的职务至此成为明日黄花。

这三个机构从其出处来说都属于原先内朝的体系，因前朝官中机构都称"台"或"省"，而此三机构都是从宫中孕育出来，称"台省"便有不忘本的意思。三省都设在宫内，只是尚书省的总办公厅设在宫外，称"尚书都省"。尚书都省下面分设六个政务部门，也就是后来的六部：吏、礼、兵、刑（隋称都官）、户（隋称度支）、工。

三省长官同为宰相，而三个宰相中又以尚书令地位最高，此职不轻易授人，只有权臣杨素因拥戴隋炀帝有功才担任过尚书令。宰相会议都要到尚书省的总办公衙门——尚书都省去进行，尚书都省事实上也就成了宰相办公厅。看起来好像有点像汉初的黄阁议事了，其实不然。隋文帝规定：任何任宰相的官员在家中召集大臣开会议事或办公务，都是违法行为。这样，汉初宰相在自己家的黄阁中办公的惯例彻底成为历史前尘，象征着宰相尊崇的"黄阁"也终于消失了。

一个政府分成了三个部分，而这三个部分之上没有一个总领的主管。这个主管就由皇帝自己来做，等于董事长之下不再有总经理，或者说总经理由董事长兼了。

即使如此，隋文帝还是不太放心。这样执行了一段时间，他又担心尚书令权力太大，于是就将此职空缺，而以尚书令的二位副手左、右仆射共为尚书省的首长。于是，三宰相又变成了四宰相。

为了进一步分散宰相的权力，他又设置了一些如"参赞机务""参知政事"之类的官职称号，得此称号者也可参加宰相会议。因此，在其他大臣的眼中，这些人也算是宰相。这样，宰相就从汉朝的独相、双相发展成了一种类似于宰相委员会这样的集体议事机构。

我们知道，"宰"和"相"之类的称谓在春秋之前原本就是封建贵族的家臣，到了秦汉才"化私为公"，变成了政府的执政官；而隋文帝的宰相委员会中，尚书令、中书令、侍中原本也都是内廷官，也就是说，又完成了一次"化私为公"的过程。一切权利归皇帝，宰相沦为了秘书班子，这是隋朝的三省六部制。

既然已经沦为秘书，那么一切当然要看主子的眼色。历朝宰相当中最能顺着皇帝心思的典型，隋朝的宰相苏威可算一个。

苏威是北周名臣苏绰的儿子，少年时就做了高官。他敏锐地发现了北周上层的内部纠纷，就小心地避开。好在当时朝野都重视家族出身，他的家庭颇有名气，父亲又是开国功臣，他不积极参与政争，反而获得了好名声。到杨坚的势力日益增长时，他开始同杨坚结好，成了杨坚的圈内人物。但当杨坚发动政变，夺取北周天下时，他却跑回乡下居住，表示自己不争开国功臣的地位。其实，他面上做出置身事外的样子，内里却是看准了杨坚不喜欢他人树立名声的心思。果然，隋文帝杨坚对帮助自己搞政变而居功自傲的人心存疑虑，苏威的做法反倒使杨坚对他增添了好感，他被召回朝廷，很快成了"宰相委员会"的一员。

苏威很能体察隋文帝的想法，杨坚想整顿吏治，苏威就着手制定了政府行政规则，以提高国家机构的工作效率；杨坚想收拢民心，苏威就以减赋税、减刑典的执行者自居，上书提出了不少具体措施。文帝一一批准推行，更觉得苏威能体会自己的意图。苏威甚至连提意见都很会察言观色，貌似进谏，其实却是顺应。文帝提倡俭朴，苏威就批评宫殿中不应用银幔钩。文帝觉得苏威真是一心为国，表扬道："苏威若不遇我不能尽其才；我不得苏威，怎能有人落实我的主张？朝中大臣，能斟酌古今，助我教化的，都比不上苏威。他若是在乱世，就是西汉'商山四皓'式的人物，不是能轻易请出来做官的。"文帝这番话实是将自己夸赞了一番，但也可见苏威能洞见文帝意图，事事不违文帝意图所生的效果。

对上恭顺的人，自己谨小慎微，往往也要求下属对其必须事事遵命，苏威就是这么一个典型。朝中大臣意见与他不合，他必设法打击。而文帝晚年，尤怕别人夺权，苏威小心翼翼地捕捉文帝的心思，宁肯不理公事受文帝责备，也不肯受命主持全部政务。

就这么个官僚老油子，在隋炀帝即位后，居然也开始对杨广略有点摆老资格了，杨广就毫不客气地罢了他的官。不久，不少元老重臣都被杨广杀害，苏威倒因祸得福，不仅避过了清算反倒又被起用。他复出之后，更加小心恭顺，对炀帝的任何举措，无一例外全部赞同。炀帝当然很满意，

称他为"国宝"。

苏威是隋朝行政规则的主要制定者，有多年的从政经验，按理他无论怎样恭顺，总不应该破坏行政规则，可是他为了讨好炀帝，就把自己深知不应破坏的也破坏了。炀帝喜欢搞大动作，一搞就是全民动员，开运河、修长城、挖长堑、征高丽，各级官员在运动中既从百姓头上趁机搜刮，又要从皇帝那里博取封赏。而炀帝却是个不惜百姓生命却吝惜官爵封赏的主儿。于是，苏威就把各级官员请功报赏的奏章都压了下来，以免炀帝生气，而催促官员们立即完成任务的文书却不断下发，引得四方官员都对朝廷不满。待各地民变发生后，苏威还强令各地使者改写奏章，将大事化小，甚至把上万人的武装起义说成千余人。这样，一是使炀帝高兴，二是使炀帝觉得局势还在掌控之中。苏威阿谀逢迎皇帝，终于促成了官员离心，把皇帝送上了死路。炀帝有一次突然想搞清楚天下的"反贼"究竟有多少，在殿上先问佞臣宇文述，宇文述说贼少不足虑，炀帝用眼找苏威，却不见其人，就呼名追问，却见苏威躲在柱子后，用极惶恐、不安的声音答道："臣不主管此事，不知确切数字。只知贼越来越近了。"炀帝不解其意，问："此是何意？"苏威答道："原来只河北有贼，现在洛阳附近的荥阳、氾水也有了。"炀帝听后很不高兴，但见苏威已经躲着说话了，也未再迁怒于他。

苏威固然小心，但杨广实在太难侍候，最终，这位"国宝"还是被免官除名为百姓。有人诬告他谋反，他被逮捕入狱。苏威在供词中连篇累牍都是自责自罪的话，居然倒也感动了炀帝。炀帝将他释放，又带到扬州。炀帝在扬州被宇文化及发动的宫廷政变所杀，苏威随即接受了宇文化及的官爵，随军北上。李密击败宇文化及，苏威又归附李密。王世充击败李密，苏威又接受王世充授予的太师职位。至此，苏威从少年到老年，已经做过西魏三帝、北周五帝、隋二帝和宇文泰、宇文化及、李密、王世充四霸府的臣僚，算起来比后来五代时著名的"不倒翁"冯道跟的主子还要多。

秦王李世民攻克洛阳，俘获王世充，苏威又跑到李世民处求见。这位老官僚与李渊相熟，此时居然摆出长辈的架势对李世民的侍卫说："我年老体弱，见秦王时可能礼数不周，请他免去我行跪拜礼吧！"李世民本来就对老滑头不待见，听说他有倚老卖老之意，就叫过侍卫吩咐了几句，令侍卫去回复苏威。侍卫一见苏威就说："您老是隋朝的宰相，对国家大政却无半分补益。您的君主被杀，国家灭亡，您不顾自己尊严，见到李密、王世充都跪拜，行君臣大礼，您那时难道不年老没有病了吗？现在您又老又病，就不必再见面了。"苏威被如此抢白，居然还不死心，硬着脸皮又西赴长安，去求见李渊。李渊做了唐朝的开国皇帝，看不起又老又圆滑的前朝"国宝"，再说新兴皇朝也不需要一个苟活偷生的亡国宰相装点开国气象，于是李渊也让苏威吃了闭门羹。这位老官僚后来以82岁的高龄，老死家中。他的一生，印证了孔夫子的一句话："老而不死，是谓贼也。"

二

高度集权的隋皇朝跟高度集权的秦皇朝一样国祚不长，二世即斩，宰相没能发挥应有的作用，应该是其中的一个原因。"君使臣以礼，臣事君以忠"是儒家所倡导的理想政治，君臣关系说到底就是二者的权力关系。但秦、隋两代的君主实行"独制天下而无所制"的极端专制统治，结果都是"二世而斩"。到了唐朝，唐太宗清晰地认识到"事皆自决，不任群臣"，"此所以二世而亡也"，所以，开始修正隋朝的政治。

唐朝仍然沿用三省六部制，但是唐太宗有一个明确的思路，那就是把以前皇室滥用的权力重新交还给政府。

开国之初，唐高祖曾以李世民为尚书令，李元吉为侍中。当时的尚书省既是宰相决策机关又兼行政机关，既可议政，又能下达政令，命百司遵行，不像中书、门下两省仅为侍从与秘书机关，亲而不尊，除议政与陪侍君主外，无法指挥百司。所以尚书令的职位尤其"势大震主"。

唐朝因太宗曾任尚书令，"臣下避不敢居其职"——这种做法后世多

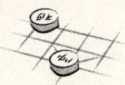

有效法，如宋太宗即位前曾任知开封府，后来他当了皇帝后，臣下都表示不敢坐他曾经坐过的位子，但开封又不能没有知府，后来的知府都在前面加上一个"权"字，表示权且代理的意思，称"权知开封府"，不加这个字就是僭越了——于是也沿用隋朝的做法以左、右仆射为尚书省长官。从官品上讲，尚书令为正二品，左、右仆射为从二品，而中书令、侍中与各部尚书一样都是正三品。所以，唐朝的宰相从官品上说并没有位至极品，而只有三品官，至多只是从二品。一品、二品都是用来安排元老的，三品以下始为实际负责的官吏。至于中书、门下省的副贰，即中书侍郎和黄门侍郎，

唐太宗

也有可能加衔为宰相，当然，这种情况的发生只有两种可能：一是长官有缺；二是长官在任，君主特令，以示对其人的特别重视。

唐朝把尚书省在宫内的机构撤销了，在宫外的尚书都省仍保留，因为尚书都省设在宫廷南门外，故称"南衙"；而中书、门下两省也移出一部分到宫外办公，留在宫内的就称"禁中内省"或"北省""北衙"。

北省为"机要之司"，南衙为"百司所禀"。机要是指策划、决策，百司所禀的仅是成命，也即北省是政令机关，南衙是政务机关，这一套制度实在是很有中国特色的。实际上，虽说三省并重，但中书、门下长官作为发令机关的首长，地位在提高，甚至已经明显高于尚书省长官。

唐太宗在位的时候，还经常搞些创新，"常以他官居宰相职，而假以他名"（《新唐书·百官志》）。贞观元年九月，太宗以"御史大夫、检校吏部尚书、参预朝政、安吉郡公杜淹署位"。杜淹是首位非三省长官而以

他官加衔为宰相的。后来，魏征也以秘书监的身份参与朝政。这种以他官"参预朝政""参掌机密"而行宰相之职的做法，便于君主对百官的控制，又不必以品高位崇之三省长官授人，指挥起来更加方便。

君主指派他官参预政务而成为宰相，以制度论已有意侵夺原有宰相——三省长官之权力；而以情论，他官加衔为宰相者，一定是与君主关系比较亲密的，自然指挥灵活，则在实质上对宰相造成双重侵权行为。

在三省长官之外的其他百官中，以吏部尚书、兵部尚书两职最为要紧，所以加衔为宰相的也比较多。"加衔"任相制度化后，等于是"宰相委员会"可以任意扩员了，这就给君主更大的机会选择宰相。唐代宰相无定员，人数全由君王决定。

贞观八年，"仆射李靖以疾辞位，诏疾小瘳，三两日一至中书门下平章事"。——"平章事"这个唐宋元三朝经常看到的官名就是从这里来的。李靖作为尚书仆射原本就是本职宰相，因病辞职。唐太宗接受了他的辞呈，但让他小愈之后马上重新出山，授予他"中书门下平章事"的加衔，让李靖重新参预政务，并且下诏优抚，特准李靖可以在家好好休养身体，只需隔两三日去办一下公就可以了。这样，李靖刚刚辞去了

李靖

尚书省的领导职务，又被授予了中书、门下二省的领导权。这个李靖就是民间传说中托塔天王的原形，也是隋末"风尘三侠"之一，是个颇为传奇的人物，唐太宗对他也是信任有加。

从李靖之后，唐、宋、元朝的宰相一般都挂上"平章事"的头衔，就像两汉魏晋挂"录尚书事"的头衔一样。"平章"，就是办理的意思。唐太宗后来又任命官品已达二品的开国功臣李勣（本名徐世勣，也即民间传说中的徐懋功）"同中书门下三品"称号，让他参加宰相工作。从字面上看，

李勣以二品官兼同中书门下三品，
似乎有些不伦不类，其实，在唐朝，
品级高不一定能掌握行政大权，"同
三品"却能每天进宫处理国政大事。
所以对官员来说，加衔之重要性倒
反而超过其本官。在唐代，"平章
事""同中书门下"这两个关键词可
以看作是宰相的代名词。

　　唐朝初年，宰相多是功勋宿望
之人，例如房玄龄，跟随李世民30
多年，是李世民的心腹参谋，而且

徐世勣

在李世民的文臣武将中，数他最有政治眼光。到了太平时节，择任宰相大
多从品德节行、治民才干并敢于直言进谏者中间挑选，这些宰相大多都有
某方面的声誉，比如萧瑀以忠直著称，唐太宗亲自赠诗，称赞为"疾风知
劲草，板荡识诚臣"；裴耀卿以漕运见长，为玄宗采纳拜为宰相；杜宗敢
于犯上，竟然公开抵制监军在扬州选倡女，而被武宗拔擢为相。

　　宰相委员会的设置使得宰相成了一种集体领导制，朝中有一群宰相在
管事。隋以后的历朝，单个的宰相就再也不能篡权夺国，皇帝再也不用担
心朝中出曹操了。这是宰相从汉朝的"领袖制"到隋唐的"委员制"后的
一个重大变化。

　　这种制度之下，当然皇帝的权力被无限放大了。我们前面说过，唐太
宗是个颇具公心的皇帝，并不希望皇室滥用权力，所以在制度上又作了相
关的弥补。

　　《资治通鉴》记载，贞观十五年（公元641年），唐太宗对侍臣说：
"朕为人主，常兼将相之事。"他是在得意扬扬地夸耀自己。大臣张行成听
说后，劝谏道：即使你有能耐，做了也就做了，但绝不可以对大家明说！
你这一说，将相们能有什么心情？——"以万乘之尊，乃与群臣校功争
能，臣窃为陛下不取。"——张行成给唐太宗当头泼了一盆冷水，不过，

唐太宗毕竟是唐太宗，受批评后仍能"甚善之"，并且开始在制度上做出修正，具体做法是这样的：

朝廷的政令都由中书省发出。所谓中书重点就在于"书"，所以政令的草拟都归中书省。中书省的正副长官中书令、中书侍郎当然不用亲自执笔，部门里有一批五六品的中书舍人专门负责拟稿，称为"五花判事"，然后由中书令或中书侍郎在众多的稿子中选定一稿，补充修润，作为正式诏书，送呈皇帝。

皇帝看过中书省送来的诏稿后，画一敕字，就成了皇帝的敕令行达门下省。门下门下，重在把门。门下省的主官侍中及副长官侍郎接获诏书敕令，要加以复核审查。他们部门内也有一批五六品小官叫"给事中"，专门对诏书敕令提出意见，如果门下省的把关人反对此项诏书，即将原诏书批注送还，称为"涂归"，也叫"封驳""驳还"。只有被门下省通过的诏书敕令，才能送到尚书省去付诸执行。

这样的审核制度严格是够严格了，但是皇帝都已经画敕的诏书又被门下省打回来，毕竟有伤皇帝的脸面。因此，后来每逢要下诏敕，便先由中书省和门下省举行"联席会议"，会议的场所称为"政事堂"，原先在门下省举行，后来改为在中书省召开。隋朝时权力颇大的尚书都省到了唐朝彻底靠边站了，尚书省长官转而要赶到另两个省来参加政事堂会议了（再三提示：千万不要小看了会议主办的地点，这几乎就是官场中的主场优势），如果不获邀请，则连与会的资格都没有，也就是说事先不获命令参与决夺，只有事后执行的份了。

皇帝的敕命，除非是皇帝私人的诏书，一定要经过政事堂，也即宰相们集体开会的地方，才能真正算是政府的命令。政事堂对皇帝的命令有副署权，凡属皇帝命令，在敕字之下须加盖"中书门下之印"，即须政事堂会议通过，然后再送尚书省执行。没有宰相们的同意，皇帝连任免一个官员都不可以。

唐中宗时韦后及太平、安乐、长宁等公主皆依势用事，贪赃受贿大肆卖官鬻爵，不管是屠夫酒肆之徒，还是苍头奴婢之流，只要向这些人送上

30万钱，就能绕开"组织部门"的考察，直接得到由皇帝亲笔敕书任命的官位。唐中宗对付不过来，又不能不搞定这几个女人，只得不经两省而径自任命官职。但他是知道祖宗成制的，毕竟心中露怯，自己也觉得难为情，所以他把这类装有封官诏敕的封袋，不敢照常式封发，任命状改用斜封。封袋上所书的"敕"字也不敢用朱笔，而改用墨笔，当时称为"斜封墨敕"，意即此项命令没有经过中书门下两省讨论通过，而要请下行机关给个面子马虎承认。他这般封出去的官，也就被人轻蔑地称为"斜封官"。在"组织部门"工作的吏部员外郎李朝隐是个硬汉子，前后共阻止了1400多名"斜封官"的任命。

"组织部干部"不买面子，唐中宗也没有办法。因为，若未加盖"中书门下之印"，而由皇帝直接发出的命令，在当时被认为是违法的，不能被下面的各级机关所承认。

武则天时，大臣刘祎之对武则天以太后身份临朝多有微词，要求武则天归政李氏皇室，由此惹恼了武则天。刚好有人诬告他受贿并与其他人的小妾有不正当男女关系，武则天就下敕令让肃州刺史王本立去查办此事。王本立向刘祎之出示了武则天的敕令，刘祎之不屑一顾，说道："不戏凤阁鸾台，何名为敕？"——武则天改中书省为凤阁，改门下省为鸾台，意即没有经过中书门下的诏令怎么可以称为"敕令"呢？刘祎之这么直露地批评武则天违制，终于招来了杀身之祸，最后被赐死于家中。然而，这套副署的制度作为相权对皇权的约束却一直传了下去，直到宋朝仍然奉行。

在这么一套封驳、副署的制度之外，唐太宗又让门下省的谏官、言官发挥相当的监督、制衡作用。这些谏官、言官可以批评政府的所作所为，也可以规劝皇帝的私人行为，所以皇帝也不是没人管。

依唐制，皇帝接受文武百官朝见后，如没有特殊的事情，通常很快就散朝了。散朝后，皇帝另和宰相们从容讨论军国大事，这时候旁人不得参加，但门下省的谏官们却是例外，他们官品虽小，却可以随从宰相参加列席，而且还有参政议政的发言权，有些宰相不便同皇帝直接讲的话，甚至可让这些小官口里讲出来。他们讲得对，固然好；讲错了，也无妨大体。因为他们的名义是谏官，本来说是要他们开口讲话。唐太宗这么做的动因是吸取了隋炀帝的教训，隋炀帝不喜欢纳谏，曾经把门下省（当时叫内史省）的谏官统统解散了回家。唐太宗就是要反其道而行之，而唐太宗的善于纳谏也是历史上有名的。

约束相权的集体宰相制度以及约束皇权的副署封驳机制构成了一副"平衡木"，正是这副"平衡木"奠定了大唐的繁荣盛世。从某种意义上说，盛唐时期的政治还是一种较为民主的政治。而集体宰相制度，从唐朝到清朝则一直持续着。这个制度有好处也有坏处，好处是集思广益，一群人商量事情，各有裨益，像贞观年间的宰相房玄龄和杜如晦，就是合作的好榜样。一个善于谋略，一个善于决断，人称"房谋杜断"，简直是最佳拍档。

房玄龄、杜如晦都是值得信赖的宰相，他们为太宗荐用贤良、做出正确的决策。而且这两个人还都作风缜密，他们为皇帝所作的建议外面并不知道，不争功不夺权，一切光荣归皇帝。他们支持政府打仗，大将立功，他们自己却没有功劳，其实他们支持作战的将领，不断为他们提供资源，才使得大将能在外面立功。他们也不抢重要谏官的光彩。唐太宗身边有一个相当有名的谏官魏征，常常劝太宗不要做这，不要做那。房、杜二相不但帮助谏官劝太宗，也尽力维持太宗对谏官的信任。而唐太宗本人也虚心纳谏，听得进别人的意见。后来，唐太宗甚至让魏征以谏官的身份直接加入宰相委员会，也成了宰相的一员。所以，在房、杜两个人联手辅佐下，唐太宗最终开创了贞观之治的盛世局面。

但是，集体领导的坏处也是明摆着的：各位宰相配合不好，互相扯皮，容易引起朋党之争，形成党派政治。

汉朝虽说也有党争，但那是士大夫与宦官阶层的斗争；而到了唐、宋乃至明朝，士大夫内部因政见不合引起的党派斗争就变得十分普遍而激烈；清朝统治者吸取明亡教训，在高压下虽说没有明显的党派斗争，但党同伐异作为官场的惯例却仍在暗中进行。近千年的官场党派斗争，谁能想

到真正的源头就是唐朝确定的集体领导制度！

高宗朝，长孙无忌作为太宗安排的辅政老臣"总知三省事"，统管三省，权倾一时，但因为长孙无忌支持高宗的王皇后，反对立武后，高宗有些不待见这位舅舅。为了分他的权，高宗任命李勣也来"总知三省事"，当然，两人的任官性质还是有些区别：长孙无忌是"检校中书令，知尚书、门下二省事"；李勣则是"尚书左仆射，同中书门下三品"。一个是以中书省长官兼管尚书、门下二省的事务；另一个则是以尚书省长官兼管中书、门下的事务。长孙无忌为避李勣，没过多久就请辞知尚书省事；而李勣任尚书仆射一年后，感觉味道不对，也强烈要求辞职。

李与长孙二人互避，当然不是什么高风亮节，而是成见之深，似乎难以化解，二人有不并存之势。李靖辞职后的尚书台，长官就一直空缺着，长孙无忌已经辞去了知尚书省事的兼职，所以也不去过问。尚书台无长官的情况居然沿袭下去，从显庆四年四月至上元二年八月之间，16 年的时间里，唐朝竟然都没有尚书仆射，也就是没有政府行政首脑。

武后以私心之故，刻意破坏宰相制度，剥夺宰相权力。一开始她看到尚书左、右仆射的官职悬缺，故意不补，再后来，干脆连三省长官都不设了。自咸亨四年（673 年）十月，中书令阎立本卒后，唐已不置三省长官，这样，制度上法定的宰相就不存在了，而由皇帝任意指定说了算。

由于法定宰相逐渐减少，乃至空缺归零，而任意官职加衔为宰相的比重则日益增加，以至于《新唐书·百官志》都说：宰相之职，"然自汉以来，位号不同；而唐世宰相，名尤不正"。

在李勣之前，尚书仆射即视为宰相，从无再加"同中书门下三品"这样的事情发生过，而后来的演变结果却是，附带的"同三品"反而成了正宰相，而仆射竟失其参与议政之权，被排除于宰相行列之外。

唐中宗神龙元年（705 年），豆卢钦望单拜尚书仆射，因未加"同中书门下三品"，竟不敢过问政事，从此相沿，单拜仆射而未加同三品者，不复为宰相矣。这样的变化，一则是因为豆卢钦望处事不够果断，个性因循，遇事不敢直争，采取退缩态度；二则也是因为唐中宗对自家的唐朝制度不熟悉的缘故。但话说回来，君主专制政治之特性，则为一切权力与制度皆源自君主。君主为制度之决定者，一旦觉得制度不便于其权力时，一定破坏旧制度而再创新制度。有时，君主为求方便，临时差遣，相沿成习，也就成了制度。

加衔拜相，更突出了君主对政治的主导性，哪怕是个四品、五品的小官，只要得到皇帝赏识，君主一声令下，一纸诏书就可任命"同中书门下平章事"，即可得议大政，而不必官至三省长官而后为相。反过来，一纸诏书又可撤其职务。

这样，皇帝升用和降黜宰相比较方便，宰相进退对国家政局和官场的影响也相应缩小。

唐朝的宰相们都养成了能上能下的习惯。一名官员做过宰相，因事贬降，到地方上做官，牢骚虽不能免，但还有希望再度入相，唐武宗时的李德裕就是两度入相，而这种几起几落、仕途沉浮的现象在整个唐朝十分普遍。

加衔制度下的宰相只是议政大臣，不是决定者，也不是执行者，类似于一个委员会，没有主任委员，国事不用多数通过，而是各抒己见，供君主采择。而皇帝既是国家元首，又是行政首长，几乎要事必躬亲。像这样的体制设计，当然无法达成君权与相权的平衡，实则上是君主有意在破坏相权。

因为实行"群相制"，而且加衔宰相也没有名额限制，所以任宰相者一般都不能独尊，部属均可发表不同意见，这些当然是有益于政治的；但同时，由于加衔既无名额限制，也无明确的品级限制，躁进之徒不免存非分之想，大家都想过把宰相瘾，而宰相过多、政出多门，也必然造成官员冗滥。

武后时期的宰相人数可谓历代空前，据《唐会要》记载，则天一朝有宰相78人之多。宰相猥多，又有几个真有宰相之才？武则天视宰相如奴才，重听命行事而不重品德，能称为有才者，也只有狄仁杰一人而已。而武则天也精力过剩，喜欢大权独揽，亲力亲为。她甚至连一个太学生的请

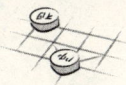

假条都要自己亲自批。在她初做武
周皇帝的天授年间（公元 690—692
年），有个叫王循的太学生上了一道
奏章，内容是请假回乡。武则天批
准了。狄仁杰就上书说："彼学生请
假，丞、簿事耳。若天子为之发敕，
则天下之事必敕可尽乎！"——太学
生请假，按程序只是国子监丞、主
簿就有权决定的，劳不着天子亲阅
亲批，武则天发敕批准，侵犯了有
司的职权。

狄仁杰

前面说过，唐中宗时韦后及太平公主、安乐公主等人用事，不经两省
（尚书省已无长官，只剩中书、门下两省），于侧门别降墨敕斜封授官，号
称"斜封官"。这些来路不正的斜封官居然有数千人之多，以至于"无听
事以居"——办公的地方都不够了。当时号称"三无坐处"，意思是宰相、
御史及员外郎多得都没地方坐了。虽说不免夸张，但冗员人数过多，则为
一不容否认之事实。

三

到了唐玄宗的时候，年轻的皇帝决心改革积弊，开始把宰相制度化，
人数固定二到三人，并择一首辅。

玄宗朝时，尚书左、右仆射因为按例不加"同中书门下三品"，故不
能行使宰相的权力，被排挤出宰相之列，不复为相，唯中书令与门下侍中
为真宰相，而玄宗往往以中书令为首辅，称为"执政事笔"。由于尚书省
长官不复为相，所以宰相的角色是作为一个设计者，只是做规划，并不干
预到执行的层面。

唐玄宗对宰相颇为尊崇，宰相的待遇也很高。宰相上朝，有专用的道

路以沙铺地称为"沙堤"。参加朝廷大典时，高级官员都用全副仪仗，提前打着火把至宫城外等候，火炬成列称为"火城"。宰相的火城未到，清道声先至，其他官员要闻声扑灭自己的火城，以示不敢与宰相争辉。宰相病休或家中有丧事，有关部门先行在宰相家外搭置临时幕棚，供百官慰问宰相时在此排班等候。官员拜会宰相，由宰相属官引进，望阶而拜，宰相如不想对此官特别优待，只需端坐受礼。降阶而迎，就是宰相很看重客人的表示了。做过宰相的人去世，当其下葬之日，朝廷要为之辍朝一日。总之，努力向汉朝看齐。

清乾隆珐琅彩唐玄宗与杨玉环

此时，皇帝与首辅的关系，类似于后代政治学上的权能分立。君主有权任免宰相；宰相有能，可以驱百官而治国。这样做的结果，当然是因人而异：由于任相不同，治乱各异。唐宪宗时宰相崔群评价说是"安危在出令，存亡系所任"。玄宗用姚崇、宋璟、张九龄、韩休、李元纮、杜暹则理，用李林甫、杨国忠则乱。

玄宗所望于宰相者，首重和谐。世人皆以"姚、宋"并列，其实姚崇、宋璟是分别拜相的。张说与姚崇不和，则玄宗不惜罢张说而用卢怀慎。卢怀慎之才去张说远甚，但与姚崇同时为相，"怀慎自以为吏道不及崇，每事皆推让之，时人谓之'伴食中书'"。（《旧唐书·卢怀慎传》）而到了宋璟拜相，玄宗也为他配了一个辅相苏颋。

姚崇此人本是武则天时期的宰相（凤阁台平章事），他为朝廷引进了张柬之，在后者的主持下除掉了张易之、张宗昌兄弟，逼武则天退位还大

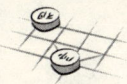

宝于中宗。武则天迁居上阳官，中宗带着文武百官去请安，张柬之见姚崇独自哭泣，便问缘由。姚崇回答：我侍奉则天女皇已久，突然离开她，无法控制感情。昨天参与你们诛杀凶逆，是尽臣子职责，不敢说有什么功劳；今天为辞旧主而哭泣，是臣子应有的节操，即便因此招祸也心甘情愿。他这么做的后果是当日就被调离了中央朝廷。不过，也因此没有卷入后来的斗争漩涡。

姚崇

玄宗即位后，到新丰（今陕西临潼东北）讲武，秘密召见姚崇，提议让他再做宰相。姚崇知道玄宗豁达大度，锐意求治，就有意考验一下玄宗治国的意志是否坚定。姚崇称有10点建议供玄宗参考，如果玄宗做不到，他就不能答应出任宰相。姚崇所陈的"十事"都是针砭时弊切中要害，并且为开元年间的施政方案定下了框架。玄宗接纳了他的建议，于是姚崇叩头拜谢。第二天，玄宗就拜姚崇为兵部尚书、同中书门下三品，封梁国公。

姚崇为相后，独当重任，军国庶务，多由他裁决。有一次，姚崇为几个低级官员晋级的事去奏请玄宗，他一连奏了三次，玄宗却仰视殿宇，不予理睬。姚崇只好退出殿廷。玄宗的近侍高力士对玄宗说："陛下新总万机，宰相来奏事，应该当面表示可否，不理人家好吗？"玄宗却意味深长地说："朕既任崇庶政策，事之大者当白奏，朕与共决之；如郎署吏秩甚卑，独不能决，而重烦吾耶？"——大事跟我商量，小事自己解决！高力士把这话告之姚崇，姚崇很感动。

唐玄宗信任宰相，放手让他们去做事，这样就调动了朝臣的积极性，也有利于君臣和衷共济，治理好天下。当然了，另一方面的后果也是党派政治逐渐抬头，像姚崇任相，张说就被挤出中央；而张说任相后，姚党又被清空。从中唐开始，已经不避朋党，一旦党魁为相，一党同上；党魁落

143

马，一党俱下。

姚崇一生以清除积弊为己任，被时人誉为"救时宰相"。当时皇亲国戚、达官贵人都利用宗教捞取好处，因为僧尼可以免赋税，豪强便废民为僧从中牟利。姚崇奏明玄宗，下令有关部门暗中调查，将1200名僧尼还俗为农，保障了农业生产和税收。

开元四年（公元716年）山东地区蝗虫成灾，许多地方庄稼受害。但当时的农民都很迷信，认为这是天降灾害，不敢得罪"神虫"，只在田边地头设祭，烧香膜拜，求飞蝗离去。结果蝗虫当然不受香火，越聚越多。州县官员也束手无策，便将此事报于朝廷。姚崇力排众议，坚决主张动员人力灭蝗，他派御史任捕蝗使，分头到各地领着农民杀蝗。在他的部署下，各地采用"夜中设火，火边掘坑"的办法灭蝗，飞蝗扑入火中，便被烧死。"神虫"现形，老百姓也就不再迷信，终于避免出现了灾荒年份。

姚崇还大力整顿吏治，对唐中宗时任用的"斜封官"一概免除他们的职务。

姚崇本人清正廉洁，但却被儿子"坑爹"，被人告发曾接受贿赂，再加上对部下管束不严，犯了领导干部最容易犯的错，引起玄宗不悦，于是请辞相位，举荐宋璟代替。

姚崇与张说不睦，姚崇当了宰相，张说怕姚崇报复，便暗中拉拢玄宗的弟弟歧王以为援引。有一次姚崇入朝，罢朝后百官离去，姚崇拖拖拉拉佯装病态，玄宗问候他，他说伤了脚。玄宗又关切地问他疼不疼，姚崇却说臣心里忧虑，痛不在脚上。玄宗便问原因，姚崇回答说：歧王是陛下的爱弟，张说是辅佐之臣，而暗中乘车出入歧王府，恐怕会生变端。玄宗听了警觉起来，便将张说贬出中央朝廷，调任相州刺史。

姚崇临死时，担心张说报复，谆谆告诫其子：张说与我嫌隙很深，我死之后，他肯定出于礼节要来吊丧。你们可陈列我平生所用的器皿，他最喜欢这类东西。如果他看也不看，那么你们就有灭族的灾难；如果他看了这些东西，你们可将这些东西送给他，请他为我撰写墓志铭，并报皇上，最好准备好石头，立刻刊刻。他比我要迟钝，数日后必定反悔，派人来索

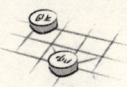

还墓志铭，你们就说已经呈报皇上批准，并拿刻好的碑给他看。姚崇死后，一切正如他所料——替人写悼词墓志铭之类的东西总是以讲好话为主，姚崇就是要张说亲自替自己说好话定了性，再由皇帝做见证，日后就不好翻案了。由此可见，那时的党派斗争已经激烈到何等程度。张说察觉了姚崇的计谋后，木已成舟，气愤不已，骂道："死姚崇竟能算计活张说！"

玄宗皇帝除了对宰相放手任用外，还有一个特点，玄宗重视边功，有意拓边，故在边塞立功之人更容易拜相，如萧嵩、牛仙客等，这也是唐朝特有的一个现象。

萧嵩虽为世家子，然而"寡学术"，徒以破吐蕃于祁连城下，"露布至，玄宗大悦，乃加嵩同中书门下三品，恩顾莫比"。——同中书门下三品，前文已经讲过了，就是拜相了。

因为玄宗愿意用边功入相，"口蜜腹剑"的宰相李林甫为了不让这些建立边功者冲击到自己的地位，遂别有用心地建议用"寒微小胡"为节度使，而阻其入相之路。他以"寒族无党"为名建议提拔番将担任边疆大吏，还虚情假意地让出自己的朔方节度使之位。其真正用心是担心边将因功入相，威胁他宰相的地位。事实上，自开元以来，张嘉贞、王鉷、张说、萧嵩、杜暹皆以节度使入知政事，由将而相，由此渐成定例。李林甫以不善汉文没啥文化的胡人担任节度使，正是以退为进，防患于未然。不想却埋下"安史之乱"的伏笔。

李林甫

李林甫的拜相可以说是唐朝由盛转衰的一个转折。此人是唐朝皇室的后裔，他父亲李思海官职不高，伯父李思训却是高宗时很有名气的画家。李林甫初为下层的禁卫军官"千牛直长"，后身居相位19年之久。他官运亨通，久居要职，与他善于玩弄政治权术和阴谋诡计是分不开的。

李林甫为人阴险、狡猾、毒辣，却装得厚道、和善，口上甜言蜜语，巧言令色，暗中却陷害异己，不择手段，时人说他是"口蜜腹剑"。

当初，首辅、中书令张九龄曾谏阻玄宗任命李林甫为相，李林甫为相后，视张九龄为眼中钉。这时的唐玄宗开始追求豪奢享受，与中书令张九龄、侍中裴耀卿等正直的宰相矛盾日渐暴露，而作为黄门侍郎、礼部尚书、同中书门下三品的李林甫一面讨好玄宗，一面寻觅事端，打击排挤张、裴二相。玄宗宠爱的武惠妃为使其子能登上太子之位，开始谋害太子，上奏诬告太子谋害其母子并对圣上不尊。玄宗偏听偏信，十分愤怒，欲废太子。张九龄坚决反对。李林甫却说：此系皇帝家事，何必与外人商量！表示赞同废黜太子，并影射攻击张九龄，以致玄宗对张九龄更加不满。

李林甫对行政规章、官场人事、办事程序比较熟稔，但他不好读书，做了宰相之后还因写错别字而造成千古笑柄。当时贺人生子，习惯用"弄璋之喜"四字，李林甫却把"璋"字给写错成"獐"了，顿时传为笑话，被人讥为"不学无术"。不学是不学，不过，无术倒未必，事实上李林甫的权术几乎可称前无古人后无来者。他知道玄宗宠信宦官高力士，而高力士过去曾受过武三思的恩惠，因此对武三思的女儿极为照顾。李林甫就千方百计爬上了武三思女儿的床，由此建立起与高力士的关系。根据高力士透露的信息，李林甫处理的章奏都甚合玄宗的意图。玄宗对他的信任感日增。后来，只有他送的审件，才能被皇帝批准，别的宰相不得不让他长期"执政事笔"。轮执变成了独执，他就成了第一宰相。唐玄宗果然革了张九龄的职，让李林甫顶替首辅的职位。

李林甫还不遗余力地阻塞大臣的言路。他曾经把那些谏官们召集起来，公然威胁他们说：圣上英明，做臣子的顺从他都来不及，还用得着你们说三道四？你们没看见皇宫仪仗队的那些马吗？它们吃的是三品官才得使用的草料，待遇很高，可一旦在仪式典礼中有哪匹马嘶叫一声，就立刻被淘汰。那时候，后悔都来不及了！谏官们自然明白此话的意思，从此都

不敢进谏。此事也足见李林甫精于识人御人之术，能够敏锐察觉他人的想法，迅速找到其命门所在，给予毫不留情的打击或者巧妙地控制。

李林甫奉承玄宗，助长玄宗的骄恣之心，可是在表达意见时绝不做出小心畏惧的样子，而是以堂皇的理由、严正的态度申明必须如此，而皇帝就好像是被他说服的，也正好顺水推舟。可以说，他为后世官场中人如何做到"大诈若直"、"大奸若忠"提供了一个活样板。

李林甫做事处处讨玄宗欢心，而玄宗驾驭臣下又喜欢用"结以恩赏"的手法，这就使得李林甫的地位更加显赫。玄宗吃饭时，吃到好的菜肴就会说："赐给林甫。"宦官们从高力士开始都受过李林甫的好处，一得玄宗的旨令，立刻大张旗鼓地送至李林甫的府第。外地进贡的珍果佳肴，玄宗也经常分赐李林甫。宦官和李林甫的家人每次都把场面搞得很大，李林甫自己也每次都不忘上谢恩表。朝中大臣看他圣眷日隆，也就没有人敢在玄宗面前批评李林甫了。

李林甫最关心的是自己不要被其他人取代了，所以，他对玄宗任用的其他宰相总是处处设防，时时设陷阱。与李林甫同为宰相的李适之，也就是杜甫《饮中八仙》诗中的一个，很有才干，又是唐太宗的曾孙，李林甫担心他会与自己争权，就阴谋陷害他。一天，他对李适之说：听说华山有金矿，若能开采出来，朝廷就不愁钱了，可惜皇上还不知道此事。过了几天，李适之就向玄宗奏明此事，玄宗听了倒也高兴，转而去问李林甫。李林甫却说：臣早已知道此事，但考虑到华山乃皇家气脉所系之地，在那里开金矿恐怕会伤了王气，动了根基，金子再多也不能开采。听李林甫这么一说，玄宗很为他的大局意识感动，同时认为李适之对自己不忠，呵责他道："你为臣不识大体，今后奏事，先与林甫商量，不许轻率乱说！"宰相做到被皇帝呵责这种程度当然是做不下去了，李适之只好乖乖地主动辞相，被贬到偏远地区去当了个七品芝麻的县令。李林甫还不罢休，买凶杀人，企图追杀他，李适之最终因惧怕而服毒自杀。

不仅是对地位与自己相当的官员如此，当皇帝对某官微有好感时，李林甫就会警惕起来，设法将其人赶出皇帝的视野。兵部侍郎卢绚参加玄宗亲临的宴会后骑马回家，玄宗在勤政楼上望见卢绚在马上神态从容，就随口赞叹他风度可嘉。第二天，李林甫就召见卢绚的儿子，说："皇上有意请令尊大人出任交州（今越南河内），我担心令尊大人身体不好，不能远行。如果令尊不想去，他赶快请求退休，我再从中设法，免他有远行之苦。"卢绚听了儿子的传话，立刻上表请"致仕"退休。李林甫几句话，就使一个受皇帝赏识的官员自动离开了朝廷。

李林甫在打击政敌时还大搞株连，力求斩草除根。大臣韦坚，其妹妹是太子李亨的妃子，夫人是李林甫的表姐妹，本来与李林甫关系还不错。但这个韦坚也是个"大拿"，善于迎合玄宗好铺张、奢华的脾气，当时传说韦坚也有了入相的希望。李林甫遂专心一意搜集韦坚的过错。终于，他得到一个情报，说河西节度使皇甫惟明与韦坚曾一起在夜晚去景龙观游玩。本来是小事一桩，李林甫却诬告韦坚勾结边将图谋造反，最后让玄宗杀了韦坚。韦坚一案还牵连到众多官员，甚至连漕吏、舟夫及他们的家属、邻里。那些农夫、舟子连韦坚是人是物尚不明白，都被捕捉入狱了。李林甫的斩草除根法是相当酷烈的。

自开元二十二年拜相以来，李林甫略使小计便搞掉了先后同朝为相的张九龄、李适之，又于开元二十五年以"潜构异谋"之罪将太子瑛、鄂王瑶、光王琚废为庶人，随之又剪除了户部尚书裴敦复、刑部尚书韦坚、陇西节度使皇甫惟明、北海太守李邕、户部侍郎杨慎矜等一干不听话的异己，朝野上下噤若寒蝉，哪个敢不看他的脸色？大唐设三省六部，做宰相通常是五六人到十几人不等。李林甫却让所有人都肝胆俱裂，从而树立起绝对的权威。能当宰相、敢当宰相的人越来越少，后来同朝的陈希烈只不过是在李林甫看过的奏折后面签个字的空头宰相。

不光如此，对天下所有有才能的人来说，都是顺李林甫昌，逆李林甫亡。有一年，皇帝下诏广求天下之士，有通一艺者都可以到京师应试。应该说这是皇帝为了广收人才特开的"恩科"考试。但李林甫却令郡县严加拣试，报上来的人又让吏部严加复试，结果没有一人及第。李林甫就向唐玄宗禀报说："野无遗贤。"翻手之间便让多少才俊之士望阙兴叹、投告无

门，而皇帝却高兴得不得了，连夸他宰相当得好，已经做到人尽其用了，没有浪费人才，会办事！

李林甫屡施淫威，自知仇人很多，害怕遭人暗算，他的住所壁垒森严，夜间要换好几处地方睡觉。

天宝十一年（公元752年），李林甫拖着病体随玄宗赴华清池度假。其实，此时他的身体已经不允许他离开长安，但他害怕稍离皇帝就会引来杀身之祸，不得不抱疾而往。玄宗见此也不免心酸，想到李林甫下榻的馆驿去探病。但玄宗左右已经都是杨国忠、杨玉环兄妹的人，大家极力劝阻皇帝不要前去。玄宗便令人将李林甫抬到降圣阁下，皇帝登阁，遥举红巾向阁下的垂死之人示意。几天后，李林甫便一命呜呼了。他的丧事还没办完，杨国忠与安禄山即联名弹劾李林甫，其罪状有决国政于私宅、勾结叛将、图危国家等等。罪名虽大，却不是李林甫应有、实有之罪。但玄宗还是下令破其棺，夺其爵，抄其家，流放其子孙。

尽管如此，公正客观地说，天宝开元之盛世，也有李林甫一份功劳。李林甫是继韩非子之后真正集法家之大成者。他为相19年，不负厚望，凡事勤谨，条理公务，增修纲纪，各有法度。他处理日常政务，善于订立条规，自己也按条规办事，哪怕是擢拔亲信，也维持条规章程的严肃性，不搞破坏章程的事。虽说受玄宗赏识的大官屡屡受他陷害，但是中、下级官员只要办事得力，升迁还是有可循之规，有正常的上升通道。尽管李林甫在后世记载中有很多不堪，但在唐人小说中还被视为神仙下凡，也不是没有原因。他这个人懂音律，知绘画，善于同人交谈，常令初交者感到亲切，令人觉得他涵养极好。在他治下的大唐招引番邦属国万国来朝。另外，他也切实地做了一些除时弊、济民生的事：开元以来，授田匮乏，租庸苛重，百姓不堪其苦，弃田逃亡者日众。李林甫审时度势，彻底修改税制和地方杂费之规，使得国库充盈，民负稍轻。而对于安禄山、杨国忠等跋扈权臣，李林甫能因人所宜，以法治之，以术驭之，以势制之，以宰相之位总摄百官，震慑朝廷，成为朝堂不可撼动的巨石。

唐人游骑图

　　据说安禄山这么一个凶悍狡狯的枭雄，却居然对李林甫一介书生怕得要死。安禄山在范阳，每次使者从长安回来，先要问："李林甫说了什么？"使者要是说："李林甫说，安大夫要小心在意！"安禄山就扑到床上喊："啊呀，我要死啦，我要死啦！"李龟年居然知道了这一内幕，在皇家宴会上加以模仿，惟妙惟肖，让人笑疼肚子。也算是一物降一物。可以这么说，李林甫不死，安史不敢反。而安禄山起兵造反时，也曾说："李林甫已死，我还怕谁呢？"——哎，同样一个李林甫啊！

四

　　唐朝在经历了"安史之乱"后，宰相名号又发生了变化：因中书令和门下侍中都升为正二品了，所以就废除了"同中书门下三品"的宰相名衔，唐后期的宰相名号基本上就是"同平章事"。唐肃宗鉴于首辅李林甫、杨国忠"执政事笔"而专权用事的教训，就规定由宰相们轮流，十日一秉笔，后又改为每日一人轮流秉笔，其用意就是防止宰相专权。

　　经历了"安史之乱"这样的大动荡，唐朝的国祚居然还能延续百

余年，这不能不说是宰相制度的功劳。安史之乱后，唐朝也出了两位名相。

一位是李泌。李泌是个天才，在他还是个几岁大的小孩子时，就曾当面批评名相张九龄不该喜欢"软美者"，也就是那些阿谀奉承、娘娘腔的人，让张九龄佩服得连呼他为"小友"；幼学教材《三字经》里也特别引用他的事迹，"泌七岁，能赋棋。彼颖悟，人称奇，尔幼学，当效之"，来启发后世的儿童早学成材。

李泌为相期间表现出来的政治、经济、军事、外交方面的才能，更证明了他是一位难得的天才。李泌曾连续在三朝皇帝手下担任重要职务。"安史之乱"中，玄宗逃往四川，儿子继承大统是

李泌

为肃宗，肃宗留下来收编散乱的兵力，准备反攻，李泌就是在那时候到肃宗身边工作的。他当时年纪很轻，就得到天下重名。他平时的表现也不像做官的人，常常一袭白袍，一副名士的做派，其实，他的作风就是不让大家知道他是皇帝身边重要的谋臣。

他是相信道教的，不愿意做官，即使后来官拜宰相，也常常要请辞回家。在进入权力中心之后，李泌仍时刻以世外神仙自居，甚至不惜以荒诞的形式宣示于众。《唐国史补》卷上记载："李相泌以虚诞自任。"有时候他会对家人下令，速速洒扫，今夜洪崖先生（传说中的仙人）要来我家住宿。有时候，他又送人美酒一坛，说是麻姑送来的酒，与君同倾。

三朝的皇帝都十分信任、依赖他，唐肃宗还专门为他在南岳烟霞峰

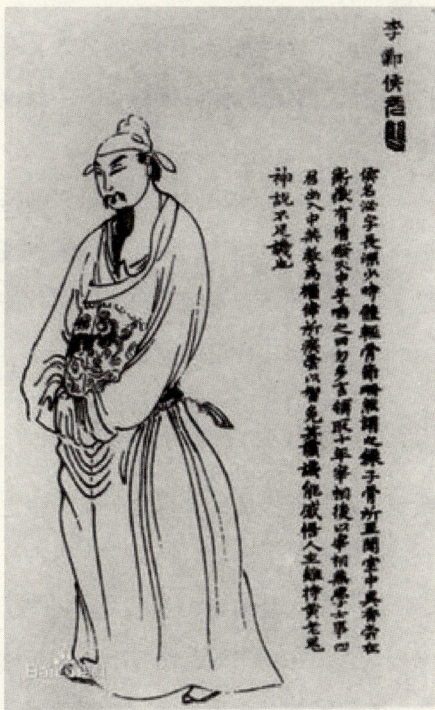

下兜率寺侧建房，名之为"端居室"，后人称之为"邺侯书院"（李泌被封为邺县侯，又称李邺侯），这是中国历史上最古老的一所书院和私人藏书阁。

李泌可以说是宰相当中的异数，一个超凡脱俗的宰相。他曾四次被排挤出朝廷，又四次回到朝廷，且一次比一次更受重视，这在中国历史上是不多见的。

屡蹶屡起的原因，主要得力于他恰当的处世方法和豁达的心态。每次被赶出朝廷，虽然我们不敢断定他就没有怨心，但我们的确没有听到他的怨言，这是他没有受到进一步迫害、能够东山再起的根本保证。这就是民间所谓的"宰相肚里能撑船"。

李泌先后五次入京为官，除前两次为主动入京外，后三次都是被朝廷征召，这说明李泌已经达到了道教所谓的顺应外物、无我无物的境界，也做到了儒家所提倡的"用之则行，舍之则藏"，行藏出入都过得十分充实，心情都很平静。李泌可谓是历史上唯一的一位"出世"的宰相。

另一位入世的宰相是陆贽。陆贽是南方的苏州嘉兴（今属浙江）人。南方人入相在唐宋朝都比较罕见。唐德宗时，藩镇作乱，泾原兵在京师哗变，陆贽随德宗避至奉天（今陕西乾县），辅助德宗处理政务，许多诏书由他起草，德宗所用的谋略也大多出自陆贽，故时人称其为"内相"。

陆贽把治国的重点放在稳定政局、与民休养上。贞元八年（公元792年），陆贽任中书侍郎、同平章事，正式拜相。他鉴于以往以增加赋税多少作为考核地方官的标准——类似于今天以 GDP 增长考核官员——致使官吏横征暴敛，便开始纠正弊端，整顿吏治。他规定在完成定额赋税后的超额部分按所辖户口多少均减，以减数多少作为考核官吏业绩的标准。仅此一项措施，使扭转了唐朝官吏的政绩观，奠定了科学发展的基础，老百姓拍手称颂。

陆贽还建议唐德宗向唐太宗学习，虚心纳谏。他说：有九个毛病是大家都容易犯的，其中六个是领袖们常犯的，这六种病就是：第一是我要胜过别人，第二是不愿意听人骂我、数落我的过失，第三是喜欢辩论，第四是总觉得我比别人聪明，第五是喜欢逞威风，第六是拒绝别人的进言。而臣子常犯的三种病是：阿谀，畏畏缩缩，看脸色说话。九种病加在一起，天下就没有人敢跟你说真话了。这九种病，今天仍是"遗传病"！

陆贽这些话说了很多次，但是德宗只有一次听进去。古代皇帝在天下大乱时要下罪己诏，也就是自我检讨书。德宗兴元元年，几个重要的藩镇反叛，京师震动，德宗一筹莫展，只好下罪己诏。德宗自己写了一篇，给陆贽看，陆贽看后觉得还不够诚恳，帮他重新写了一篇。诏书中说：我从小生长在宫中，不知道民间疾苦，不知道当军人的苦。我只知道别人告诉我的消息，假的当真的，真的我听不见去。我这样的作为，使得今天天下大乱，老百姓受罪。这都是因为我一个人的缘故，我必须担起责任，不能诿过于人。为了表示改过的决心，我宣布改年号为"贞元"，以示与民更始，一切重新来过。原有的苛捐杂税一律废除，造反的军士除了为首的外一律赦免。

这份诏书颁布天下后，民心大悦，据说连反叛的将领看了都很感动，不少人哭了起来。陆贽终于帮德宗渡过了这一难关。

陆贽一生清慎修身，他母亲去世，朝野上下无不前来吊唁送礼，陆贽却分文不取。然而他的清廉却得不到皇帝的赞许，德宗曾私下批评陆贽"清慎太过"，不通人情。德宗后为亲近奸佞之臣包围，尤其与卢杞、窦参、裴延龄最密。陆贽被群小所诬，终于罢相而被贬为忠州（今重庆）别驾（相当于副市长）。

从"总理"到"副市长"，落差蛮大，陆贽在忠州一贬10年，唐顺宗即位，诏他回京，诏书未到，他已离开了人世。

作为一个政治家，陆贽的政治遭遇是很不理想的，他的政治才能没能得到充分的施展，但是陆贽不幸中的万幸在于他留下了一部供后人拜读的《翰苑集》（《陆宣公奏议》）。在这部政论集中，陆贽系统地论述了为君为臣之道，治国安邦之术，《新唐书》的论赞中说他的思想"可为后世法"。司马光也非常推崇陆贽，在他所著的《资治通鉴》中引用陆贽的议论，达

39篇之多。可以说，陆贽虽然只做了2年零8个月宰相，但却为后世的宰相提供了一个标准和榜样。

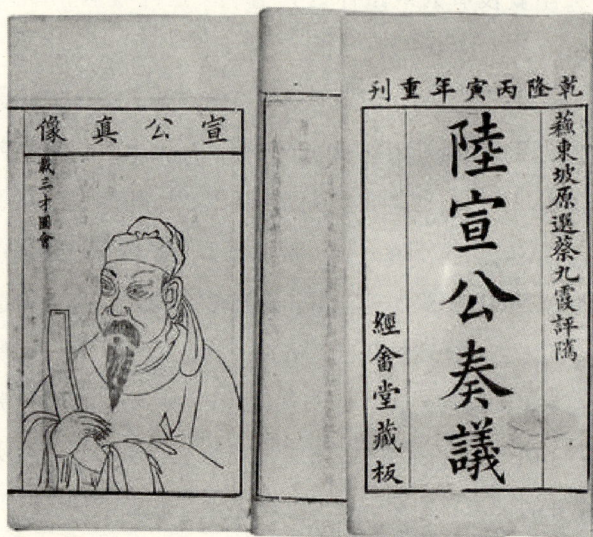

陆贽和他的《陆宣公奏议》

五

隋唐的三省六部制让宰相成立"委员会"实行集体领导，其实是突出了皇帝的绝对权力，从此以后，相权再也构不成对皇权的挑战和威胁。从唐朝的情况来看，唐朝的宰相有如下特点：

其一，因为宰相数额不固定，用人相对较为随意宽泛，不拘一格，不讲资历出身，既不像汉朝那样必须先封侯再拜相，也不像魏晋那样必须出身门阀世家，更不像宋朝以后的宰相非进士不可。四品小官哪怕是平民白衣，只要皇帝赏识摇身一变均可拜相。一代名臣刘仁轨就出身平头百姓，当唐高宗发兵征伐百济时，他献言献计，高宗特许他"白衣随军"，其才智得以发挥，后来竟位至宰相，成为高宗朝名臣。他去世时，已是武则天当政，武则天令百官赴哭，还特授陪葬高宗乾陵旁的荣誉。另外，像唐玄

宗一朝，很多武将都因边功而拜相，这在其他的朝代是不可想象的事。当然了，也有人靠着溜须拍马、裙带关系飞黄腾达，比如有一个叫傅游艺的谏官，看到武则天已掌握朝中大权，便上书说天降祥瑞，武氏当为天下主。书表一上，立刻被擢升给事中，不到三个月，又升迁凤阁鸾台平章事，成为宰相。武则天称帝后，还将傅游艺赐姓武氏，成了武游艺。傅游艺一年之中，官服由青转绿、由绿转绯，由绯转紫，人称"四时仕宦"。而靠着裙带关系登上相位的则有著名的杨国忠了。

其二，因为是集体领导，所以总会产生派别之争。在士大夫内部，有科举而生成座师、门生、同年等关系，有荐举和共事而生成故吏、僚属等关系，有婚姻而生成联姻关系，有志趣爱好而生成朋友关系，有政治立场而生成党派关系，总之存在着大大小小有形或无形的圈子和派系。从唐以后，皇权与相权之争已经成为次要的矛盾，政治斗争大多以派系之争的形态呈现，像著名的"牛李党争"，朝臣分化，壁垒分明，水火不容。而且，唐朝的派系政治相当残酷，其野蛮程度远远超过后世：发明"两税制"的经济学家杨炎早年受宰相元载提拔，后来唐代宗以迅雷不及掩耳之势诛灭了恃功自傲、贪财专权的元载，据说另一位经济学家刘晏在其中出了大力。唐德宗时，杨炎拜相，为了替元载报仇，他就借德宗之手将刘晏绞杀。而后任的宰相卢杞又派人将杨炎杀死在被贬谪的路上。

其三，由于任命随意再加上是集体领导，皇权的主权色彩更加突出，相权只不过是假借皇权行事，而作为委员之一的宰相当然也失去了前朝的权威，做宰相的除了凭借真才实干还得讲究巧用机心。李林甫的"口蜜腹剑"是一例，娄师德的"唾面自干"是另一例。娄师德是进士出身，在当时官场中算是学历高、名声大的人物了。他身高八尺，方口厚唇，长得仪表堂堂，但这样一位科举出身的宰相却从未有过一丝骄傲的神色。别人骂他是"田舍汉"乡巴佬，他笑着说："我若不是乡巴佬，还有谁是呢？"他的弟弟出任刺史，来向兄长辞别。娄师德对弟弟说："我为宰相，你任刺史，富贵已足，这是最引人妒忌的。你有什么办法保全自己吗？"他弟弟倒也是个能忍的角色，说："从今以后，就算有人吐口水到我脸上，我也不吱声，只把口水抹掉。"娄师德却叹了口气说："这正是我担心你的地方！别人唾你，是发怒生气了。你擦脸，不是厌恶他唾你吗？这样只会更引人发怒。你就不擦，笑眯眯地看着他，让别人的口水在你脸上自然干掉，行不行呢？"——读到这里，我简直怀疑《圣经》里那句著名的话，"别人打你左脸，你要把右脸也送上去"是娄师德写的。

为君不易，为相也不易。

....

第八章

宰相须用读书人

在宋朝 18 位皇帝中有 8 个皇帝没有亲生
儿子继承大统，但宋朝却始终没有出现大的
内生政治危机，后妃干政、宦官擅权的现象
也很少发生，溯其原因要归功于宋朝的政治
文化。读书士子阶层的崛起，拉开了中国历
史上士大夫为主体的文人政治的帷幕。大宋
朝是皇帝"与士大夫治天下"，君权与相权的
分权制度达到中国封建社会的顶峰。

一

　　大宋朝开国初年，在立宰相的问题上就碰到了麻烦。

　　陈桥兵变后，赵匡胤黄袍加身回到开封，宣布后周的官员都留用，这中间当然也包括后周的三位宰相范质、王溥、魏仁甫。对于赵匡胤来说，本来大家都是同事，抬头不见低头见，关系也不错，自己当了皇帝马上叫人家下岗，这种事情不太做得出。好在范质、王溥、魏仁甫三位宰相倒也听话。赵匡胤这么勉强过了一段磨合期，毕竟用着没有自己的人那么顺手。于是，赵匡胤就决定免掉这三位宰相，任命自己的心腹赵普为宰相。然而，因为没有经验，这事做得急了点。

　　赵匡胤先是叫范质、王溥、魏仁甫都辞职回老家去，然后再任命赵普。按照今天的干部任命程序来说，一点都没问题，然而，由于是任命宰相，问题就出来了——

　　大家都还记得前一章讲到唐朝的宰相副署制度，皇帝的诏命需要得到宰相的副署才能真正确认。这一制度一直延续到宋朝。赵匡胤要任命赵普为宰相，按规定就得其他宰相副署签名，表示举手同意一致通过。然而此刻旧宰相都已经全体去职回了老家，一时找不到了副署人。赵匡胤倒是想着变通一下，他对

赵普

赵普说，要么你自己来副署算了，诏书也由你自己起草，我签个字任命一下你也就是宰相了。赵普虽说文化不高，靠半部《论语》治天下，但对于吏治那套的组织原则和办事程序相当熟悉，觉得自己任命自己这种事不能做，要被人家笑话的，还是应当遵守规章制度。于是君臣又开会讨论想办法，有一个熟稔前朝掌故的官员说："唐代皇帝也曾有一次下敕未经宰相副署，此事发生在甘露事变时期，当时前宰相均已被宦官们杀得死光光了，皇帝临时封派宰相，即由尚书仆射参知政事盖印，今可效仿此法。"此话一出，又立刻有人反对："甘露事变时是唐朝内乱时变通权宜的办法，如今我们大宋朝天下升平，怎么可以去用这种法子呢？说来也不吉利呀！"如是再三讨论，最后决定由"首都市长"——开封府尹、皇帝的亲弟弟赵光义（也即后来的宋太宗）副署盖印，赵普才算当上了宰相。

这个事例说明了一个问题，那就是宋朝是个很讲规矩的朝代，制度建设和制度执行都很严格，皇帝带头遵守。

宋代确实是个不同于以往的全新的时代。唐末五代动荡的现实，几乎把"君权神授"的观念打得粉碎，皇帝屡屡出逃避难，哪里还有什么天子的威严。五代后晋的军阀、成德节度使安重荣就公开扬言："天子者，兵强马壮者为之，宁有种乎？"赵匡胤从后周的孤儿寡母手中夺取政权靠的也就是兵强马壮。

天子已经走下神坛。而当了皇帝稳定下来后，赵匡胤当然想让它重新走上神坛。

然而，宋代的国力与秦汉、隋唐实在不可同日而语，因此，宋代的皇帝潜意识里都有较深的忧患意识，唐太宗曾经说过"为臣极难"，而宋太祖则不止一次地说"为君不易"："尔谓天子为容易耶？""天子置身兆庶之上，若治得其道，则此位可尊；苟或失驭，求为匹夫不可得。"——求为匹夫不可得，这是五代时王朝频繁更迭那种血淋淋的现实告诉他的。而这种血脉里相传的忧患意识，使得宋朝的皇帝普遍比较自律，也都比较遵守规矩。宋太祖曾问宰相赵普："天下何物最大？"他的本心大概是想让赵普回答"陛下最大"，然而赵普却偏偏不这么说，赵普的回答很有意思："道

理最大。"面对这样一个令人哭笑不得的回答，宋太祖也说不出什么来，只得连连称善。到了南宋，一个州学教授向宋孝宗讲述这段逸事，并补充阐述道："夫知道理为大，则必不以私意而失公中。"宋孝宗听了也连连点头，表示"固不当任私意"。可以说，宋朝三百年间，太过出格的皇帝基本上一个都没有。

宋太祖任用赵普为宰相，赵普这个人很聪明，跟赵家兄弟的关系也很铁，据说有一天，赵匡胤与赵光义雪夜走访赵普，赵普燃起一盆炭炉再烧肉置酒接待，皇帝甚至呼赵普的妻子为嫂子，可见君臣甚为相得。但是赵普是小吏出身，肚子里没有多少墨水，为此，宋太祖劝他多读些书。于是赵普白天处理政务，

宋太祖

晚上把自己关在一间屋子里挑灯读书。时间久了，家人以为赵普已经博览群书，跟三国的吕蒙一样"非复吴下阿蒙"了。可是等他去世之后，家人走进他的书房打开书柜一看，里面只有一本《论语》，翻来翻去翻得破烂了的还只有半本书，所以叫"半部《论语》治天下"。赵普是个实用型人才。

赵普文化知识不够，在处理政务上当然也有吃亏的地方。有一次，宋太祖想改年号，他本人对"乾德"两个字比较钟情，自以为从古至今没有这么好的年号了。赵普也附和赞成，列举了太祖的丰功伟绩，认为没有比这两个字更合适的了。君臣一合计，就这么拍板定了，改元乾德。这么过了三年，到乾德三年，宋军已攻灭后蜀，一些后蜀宫人进入大宋宫廷。某天，宫室之中忽然出现一面镜子，背面刻有"乾德四年铸"字样。赵匡胤无意之间看到后吃惊不小，赶紧把镜子拿给宰相赵普看：现在是乾德三年，竟然出现一块刻着"乾德四年"的镜子，怎么回事？面对这面诡异的镜子，赵普也答不出所以然来。后来赵匡胤找到了儒生窦仪。窦仪说："这

面镜子应该是从蜀地来的。前蜀最后一个君主王衍，用过'乾德'这个年号，镜子应该是那个时候铸的。"原来"乾德"这个年号，已经被人用过，而且还是个亡国之君用过的年号。赵匡胤在感到情何以堪的同时，叹息着说："宰相须用读书人！"

宋太祖有意分赵普之权，后来果然设立了参知政事作为副宰相。"参知政事"作为一差遣名称，正式出现于唐贞观十三年十一月。宋朝拿了前朝的这个官衔确定为宰相的副贰，以牵制、约束宰相的权力。

事实上，宋太祖原本是想任命窦仪与赵普一起担任宰相的，但赵普颇忌窦仪之才，反对这样的任命。太祖最后妥协，决定为宰相设置副贰——参知政事。赵普推荐了薛居正，太祖虽然比较器重薛居正，但此人不是太祖亲信，为了对权力欲极强的赵普起到约束，太祖又任命了与赵普同为霸府亲从的吕余庆为参知政事，从而使吕成为仅次于赵普的第二号人物。

"宰相要用读书人"，赵匡胤的话对他的后世子孙来说就是祖宗之法，后来，宋朝的宰相多用科举出身的读书人。太祖、太宗朝，从中央到地方，政务几乎都由后周以及江南诸国入宋的旧臣所把持。从太宗朝开始，朝廷宣布扩大科举取士的规模。唐朝的科举考试每次只录取二十几名进士，而到了宋朝每科都有数百甚至上千人及第走上仕途，真是"天下寒士俱欢颜"。十几年下来，大宋朝自己培养的士大夫就逐渐取代了前朝旧臣，成了政治舞台的主角。像宰相李沆、王旦、寇准都是太宗太平兴国五年（公元 980 年）的进士，而宰相王钦若、丁谓则同是太宗淳化三年（公元 992 年）的同科进士。

在宋朝，从读书人到宰相的路径一般是这样的：读书人中了进士后去当翰林院的庶吉士，然后或外放做地方官或在中央各部门任职，表现好的被皇帝选为知制诰，也就是替皇帝起草诏书。这么过一段时间，再升为翰林学士。翰林学士中学问好、名气大的往往会被聘用为太子的老师，以太子老师的身份或者就以翰林学士的身份再升为宰相就名正言顺了。由进士而翰林学士而宰相，成了一条惯常的入相正道。因此，由隋唐发轫的科举制度在宋朝可谓是结出了硕果。

　　不过，科举考试当中的头名状元，倒并不一定都能拜相。据宋人费衮的统计，自建隆至绍兴末，一甲状元共 84 人，而入相者只有 6 人，即吕蒙正、王曾、李迪、宋庠、何卤、梁克家。宋朝的最后一任宰相倒是状元出身，他就是大名鼎鼎的文天祥。

科举图

　　读书士子阶层的空前崛起，拉开了中国历史上士大夫为主体的文人政治的帷幕。这是与秦汉时期的功勋贵戚政治、魏晋南北朝时期的门阀士族政治以及唐朝的地域集团贵族政治所截然不同的一个崭新的政治类型。"满朝朱紫贵，尽是读书人"，由于取士不问家世，读书人只要耐得住寒窗苦读，在机会基本均等的竞争之中，出类拔萃者就能脱颖而出，通过科举而跃入统治层，成为统治结构中的一员。宋朝的真宗皇帝还亲自写诗鼓励天下士子勤奋读书，其中几句在今天已广为人知："书中自有黄金屋，书中自有颜如玉。"

伴随着科举规模的扩大，士大夫队伍的壮大，士大夫的身份角色也由政权的雇用者转变为主人翁。这种角色的转化带给士大夫精神层面的巨大变化。在宋代的士大夫心目中，皇权观念降低的同时，国家意识却增强了。宋代名臣文彦博就曾对宋神宗说，我们大宋朝是皇帝"与士大夫治天下"。士大夫上升为与皇帝一同治天下的主体地位，主人翁意识大大增强，隐然成为强大的相对独立的政治力量。学者王瑞来认为"（宋朝）皇权在实际政治生活中受到很大的限制，而中央政府的管理机制则日趋完善。这种局面，使皇帝重新定位。即将其地位以新的形式再度'提高'——推向象征化。作为皇帝，其作用在于，以国家、民族的象征，来维系一个社会、一个民族的凝聚力、向心力"。所以，他认为宋朝是"相权强化，皇帝愈加象征化"。

当然了，由于种种原因，皇权并没有走向彻底的象征化，因而也就没有最终形成类似西方近代社会君主立宪的局面。然而，我们还是要说，宋朝在君权与相权的分权制度上已经达到中国封建社会的顶峰，皇帝在任免官员、封驳诏令和御旨时都须经宰相副署，君相关系发展到宋朝，达到一种较为和谐的平衡，形成了中国式的理想状态的分权模式。只可惜，这种制度没有继续向前发展，到了后世的元明清又掉头折返，大踏步后退，终于从终点又回到了起点。

二

在"与士大夫治天下"的政治构造下，皇权对相权较为尊重，而宰相也能够比较坚持自己的主张。赵普任宰相期间向宋太祖推荐某人出任某官，平常里宋太祖一般都会答应赵普的请求，但这一次不知怎么回事，宋太祖却没有答应。第二天早朝的时候，赵普又提出来，宋太祖还是没有答应。之后一连几天，赵普锲而不舍，上的奏表内容都是推荐这个人。终于把宋太祖惹火了，三下五除二，几把将赵普的奏表撕得粉碎，扔了回去。赵普没有抗辩，悄无声息地将撕碎的奏章一片片捡了起来拿回家去糊好。

第二天，赵普将糊好的奏章又递了上来，弄得宋太祖也没了脾气，只好接受赵普推荐的那个人。

据说，宋太祖曾立下祖训，不得杀士大夫。根据宋人叶梦得的《避暑漫抄》记载，赵匡胤在开国的第三年，即"密镌一碑，立于太庙寝殿之夹室，谓之誓碑"，凡新天子即位，都得到这块誓碑前跪拜默诵，类似于今天的宣誓仪式。臣子们远远地站在阶下，自然不知道誓碑上的内容，猜想总不外乎是经邦济国的总路线吧。直到靖康之变，金兵攻陷开封，宫门大开，人们才有幸目睹了这块神秘的誓碑，原来所谓的总路线竟是"不得杀士大夫及上书言事人。子孙有渝此誓者，天必殛之"。《宋史》里虽然没有记载这块碑的事，但在《宋史·曹勋传》里也记载了相关内容：北宋为金国所灭后，武义大夫曹勋随宋徽宗北迁，被扣留在金国的日子里，徽宗嘱咐曹勋日后若有可能回到南方，让他转告宋高宗说："艺祖（宋太祖）有誓约藏之太庙，不杀大臣及言事官，违者不祥。"

以誓碑这样庄严而神圣的形式大书"优容文人"，且作为一个王朝的立国方针，这在中国历史上绝无仅有。有意思的是，既然誓碑上书写的是如此大得人心的好政策，为什么要藏之密室、秘不示人呢？可见这中间还有一层更深的心机：政策尽管好，也只能让赵家子孙自己掌握，不宜张扬。若张扬出去，文化人都有恃无恐，一个个尾巴翘得老高，轻狂得不知斤两。

所以说，对士大夫的优裕待遇并不是说宋朝的皇帝任凭相权膨胀。事实上，从宋太祖开始就有意识地给宰相定了些"规矩"，以限制他们的权力。汉初丞相有自己的黄阁办公，唐朝时皇帝与宰相实行的还是坐论国事，朝堂上有专门的宰相座位，商定国事后再赐茶而退，到了宋太祖手里，他把宰相的座位给撤去了。

入宋后，范质等后周遗留下来的三相，凡政事均用札子向太祖呈报，听取太祖的意见，然后再以圣旨的形式颁下实施，其处理政务的主动性已经大为减弱。宋太祖还不满意，进一步废除了宰相"坐而论道"的权力。王巩《闻见近录》记载：范质每次议事都要写好满满的折子给宋太祖，有一天，范质递上折子奏事，宋太祖看着看着就说：我的眼睛有些老花，看不清楚，你到我跟前来与我说说。范质就离了座位上前到太祖榻前，这时侍臣们在太祖的示意下，撤去了范质的座椅。等到范质回到自己的位置，发现座椅已经不见了，又不能开口询问，只好站在那里。从此，宰相站着议事就成为制度。

这个故事听起来颇具戏剧性，却形象地说明了宋太祖代表的皇权对相权的限制和贬抑。宋太祖表面上对后周三相"倾心眷倚"，实际上却是压制其权力与威望。到了赵普以枢密使更兼宰相独掌中书时期，由于他是太祖的霸府亲从，与皇帝的特殊关系，以及性格的坚韧与执拗，相比于后周三相的唯唯诺诺真可谓天壤之别。中书相权在与皇权的共生共行中能够较好地约束皇权的滥用，而皇权也能较好好控制相权的专恣。

查考宋初史事，拜相还有一个特点，就是不用南方人。太祖、太宗朝无南方人拜相当国者。景德三年（公元 1006 年），宋真宗欲拜王钦若为相。王钦若是临江军新喻（今江西新余）人，也就是说是南方人。淳化年间进士及第后，王钦若一路升迁。宋真宗很赏识王钦若的才干，想拜他为相。当时的另一位宰相王旦劝谏道："臣见祖宗朝未尝有南人当国者。臣为宰相，不敢沮抑人，此亦公议也。"王旦一是搬出祖宗法来劝阻，二是用朝廷公议来阻止，真宗只得作罢。等到王旦去世，王钦若才被任命为宰相，他对王旦愤愤不平，说："这个老家伙，让我迟做了十年宰相。"在宋人笔记《道山清话》中记载，宋太祖曾提出过"后世子孙无用南士为相"的家法，并亲笔书写"南人不得坐吾此堂"，刻石于禁中政事堂，以告子孙。——又出来一块石碑！那么，这块政事堂刻石究竟是真是假呢？遍查《宋史》《续资治通鉴长编》《宋会要辑稿》《文献通考》等重要史籍，却未见有对这一重大事件著录一字的。

其实，政事堂石刻之说一定是杜撰出来的，如果有这么一块政事堂石刻，那么每天在政事堂办公的宰相王旦肯定是知道的，他为何不直接引以为据，而要说"臣见祖宗朝未尝有南人当国者"，只是摆出有关的历史事实。而宋真宗在王旦死后即拜王钦若为相，如果真有那么一块石碑，真宗岂不是违反了祖宗之法，而王钦若还能走进政事堂去上班？石刻虽然不存在，但是宋朝人对南方人拜相当国心存感冒倒是真的。首位拜相的南方人王钦若确实为人奸邪，而后拜相的另一个南方人丁谓也是一个小人，他与王钦若一起被列为真宗朝"五鬼"。到了宋神宗时，王安石拜相，这又是一个南方人（江西临川），他的变法存在着许多弊端，虽然今天的历史从总体上肯定了他的变法，但在当时招致了朝野的许多不满，甚至有人把北宋亡国都记在他头上，说是因变法导致的。此后的多位奸相，如福建人章惇、福建人蔡京、南京人秦桧、浙江人贾似道都是南方人，所以宋人才杜撰出政事堂刻石的说法，一则表示对南方人的歧视和不满，二则也吹嘘一下太祖、太宗的先见之明。

三

宋承唐制，以中书门下为政事堂，但多了一个主管军事的机构——枢密院，一文一武，合称"二府"。

政事堂文官体系在元丰改制之前沿用唐制，任相者必须以本官加"同中书门下平章事"方能成为真正赋有职事的宰相。宰相人数实行三相制，三员宰相各兼馆、殿之职，首相兼昭文馆大学士，简称"昭文相"，次相兼监修国史，简称"史馆相"，末相兼集贤殿大学士，简称"集贤相"。副宰相称"参知政事"，也一般设一至三员。

宋代的官制制度上除宰相外还有一种"使相"，叫作"开府仪同三司"。使相不是真宰相而是高级阶衔。凡节度使、枢密使、亲王、留守、检校官兼三省长官（侍中、中书令、尚书令）或同中书门下平章事者，都可称为"使相"。使相不参预政事，但享有俸禄，官场礼仪上也可称为"某某相"。另外，宋朝还有一个三司使管财政，相当于今天的财政部，因其地位重要，三司使长官也被人称为"计相"。

王安石变法后，到了神宗元丰五年（1082）五月，实行新官制，沿用唐制，仍以门下省、中书省、尚书省为宰相机构。以尚书左仆射兼门下侍郎为首相行侍中之职；以尚书右仆射兼中书侍郎为次相行中书令之职。另置中书侍郎为中书省副长官，门下侍郎为门下省副长官，尚书左、右丞为尚书省副长官，他们并为执政，与宰相共同构成元丰改制后的宰辅集团。其中门下省是国家政令的审查机关，负责诏令的审复与驳正。中书省负责诏敕政令的初拟与颁布，实权较大。尚书省为最高行政机关，负责执行中书省取旨、门下省审复的诏命。这一套架构基本仍是沿用隋唐的三省制度。

而武官体系中武装部队的最高指挥机构是枢密院，长官称枢密使。《水浒传》里的高俅就是枢密使，掌管禁军，称为"枢相"。枢密之名始于唐代宗永泰中，时置内枢密使二员，以宦官充任，其初仅有"屋三楹，贮文书而已"，有点类似保密的档案局。到了宋朝，却把这个名词借用来做了"国防部"的代称。宋朝立国之初，"二府"并立，枢相地位还十分崇高。真宗朝，宰相寇准亲临前线主持澶渊之战大局，开始了宰相染指军事的先例，后来，又在以文制武思想的主导下，庆历年间开始这一职务就都由宰相兼任了，也就是没有了独立的武官体系。宰相兼枢密使成为一项正式的制度被确定下来，使得枢密使与三司使地位降为与副相相当。

不过，宋朝的副相其实也很牛。宋朝规定参知政事与同中书门下平章事不分伯仲地位相当，也即正、副宰相一视同仁。这本是当年宋太祖为了削弱宰相赵普权力的做法，须知宋朝开国初年有相当长一段时间是赵普独相，所以要用副宰相与他平起平坐。

宋太宗时期，被毛泽东称赞为"小事糊涂、大事不糊涂"的吕端任宰相，他刚当了五六天宰相，宋太宗就下诏参知政事与宰相分日知印、押班，也即轮流值班，轮流做庄。据说这还是吕端自己提议的，为的是让风头正健的参知政事寇准有发挥的余地。从此之后，这就

宋太宗

成了宋朝的"祖宗之法"，延续下去。《宋史》卷 161《职官志》在"参知政事"条专门记载了这一规矩："至道元年，诏宰相与参政轮班知印，同升政事堂。押敕齐衔，行则并马。自寇准始，以后不易。"

有时候，副手强势甚至会超过正职。寇准在担任参知政事之前，就很受太宗的器重，认为他才堪大任，并嘉赞寇准为"真宰相也"，甚至连太子人选都跟他商量。此外，寇准性格耿直，做事认真，常常因事切谏太宗，有一次奏事忤上旨，太宗拂衣而起，欲入禁中，寇准居然上前拉住太宗的龙袍不让走。由是，太宗认为自己得寇准有如唐太宗得魏征，重用寇准也是为了树立从谏如流的开明君主形象，于是，当参知政事吕端升任宰相后，他就提拔寇准当了参知政事。

寇准任参知政事后率意轻重，不把宰相吕端放在眼里，常以私意升降官员，并且直接行使"中书札子"进行处分。本来，降札子行使职权的应该是宰相，如赵普就用"中书堂帖"来升降官员的阶秩、处分政事，而如今作为副宰相的参知政事寇准却独立行使起这项权力，而宰相吕端对寇准的专恣自任也不加干涉。中书札子的效力几乎等同于敕命，这就使得太宗十分不满。幸亏有寇准援引的另一位参知政事张洎在旁解劝，解释了中书札子的使用情况，才使

寇准

太宗对寇准的气愤有所缓和。而太宗倒也没有像当年太祖下诏禁止赵普的中书堂帖那样，而是要求在颁发之前需上奏经他批准。但是寇准并不知趣，而是持续他一贯的专任与固执。结果太宗十分气愤，将寇准降为四品的给事中，不久又把他贬到邓州去当地方官了。

真宗朝，寇准再度拜相，并成功抵御辽国达成"澶渊之盟"，一时威望无比。参知政事丁谓对寇准十分巴结。《宋史》记载，有一次寇准在中

书堂吃东西，羹汁沾污了胡须，丁谓马上起身，替寇准慢慢地擦干净胡子。寇准笑道："参政，国之大臣，用为官长拂须邪?"——这就是"溜须拍马"的由来。丁谓被说得脸红，心中也暗暗怀恨，"由是倾构日深"。

虽然丁谓本性狡猾，善于溜须拍马，但从其为宰相"拂须"的行动上看，好像参知政事的权势与地位远在宰相之下。其实，宋朝的正副宰相地位基本持平，就看个人的资历、能力和强势如何了。后来，王安石实行变法时，他的最初身份并不是正宰相，而是副宰相参知政事。这是宋朝的特殊规定。

丁谓

强势如寇准，自以为澶渊之盟立了天大的功劳，但经不住王钦若一句挑拨。王钦若以赌博为例，对宋真宗说，赌徒喜欢孤掷一注，寇准让你皇帝以九五之尊御驾亲征，来到澶渊前线，他是不顾你皇帝的安危，把你皇帝当作赌注。宋真宗听了很不受用，果然疏远了寇准。

虽然寇准对王钦若还有所防备，而对丁谓却掉以轻心，甚至早年还把他当朋友。而寇准本人的毛病也很多，一是性格张扬，刚愎自用，与同事搞不好关系；二是生活奢侈，每天晚上秉烛夜宴，烧掉的蜡烛常常成堆地积在那里，连厕所里也可看到烛泪流满了地。当时的蜡烛可是奢侈品，一般人家都只用油灯；三是名气太大，树大招风。据说有一天，寇准与枢密副使温仲舒一起退朝骑马回家，在途中居然被一狂人迎着马首高呼万岁。果然，丁谓后来也由参知政事升任枢密使又进而为宰相，在真宗病危不愈的情况下，联合枢密使曹利用、翰林学士钱惟演等使计将寇准罢相，又将另一位宰相李迪排挤出朝。

打掉寇老西后，朝中几乎成了丁谓的一言堂。此时的参知政事王曾忍辱负重，假装谄事丁谓，骗取其信任，通过皇帝将他留下来独对的机会，揭发丁谓的专权勾当，从而使垂帘听政的刘太后大怒，罢免了丁谓。

这则故事见于《默记》，说起来颇具戏剧性。

丁谓当国，权势震主。副相王曾每次与丁谓闲暇相处时，都流泪涕泣作可怜状。丁谓问他为什么这样，王曾说："家家有本难念的经啊，耻于对人言。"丁谓再三追问，王曾才说："我从小就是孤儿，多亏了老姐抚养我。老姐有一个儿子，也就是我的外甥，到现在混得很差，在当兵，经常受到杖责。老姐姐在青州老家，每次都跟我说起这事。"说着，他又开始落泪。丁谓也被他说得心里难过，替他出主意说："何不打报告要求替你外甥除军籍退伍回家？"王曾说："我位列辅臣，而外甥如此，岂不辱没朝廷？自己也觉得难为情，哪里能向皇帝开得了口？"丁谓倒安慰他："这也是人家常事，有什么好惭愧的，还是早点向皇上请求，免得你外甥受苦。"这之后，丁谓数次催促王曾打报告，王曾必定都流泪说："难为情啊，难为情！"丁谓倒是皇帝不急急太监了，给王曾出主意说："某日退朝后，你可以留下来单独向皇上奏陈请求。"王曾假装还犹犹豫豫，丁谓倒急了，责怪王曾道："自己家里的事，你还这样拖拖拉拉！我已经替你跟皇上说好了，他在阁门之内等着你呢。"王曾装着不得已的样子，留了下来。

王曾单独见了皇帝就开始告丁谓的状，"尽言谓之盗权奸私"，到了要进膳吃饭的时间，他的状还没告完。而丁谓安排王曾进去见皇帝，自己在阁门外等着，见王曾进去这么长时间还不出来，方知上当，顿足后悔。王曾出来，果然与丁谓招呼都不打，"含怒不揖而出"。丁谓这才知道被出卖了。过不了多久，丁谓就被罢了相。

这则故事至少说明了两点：一是当时的官员都较按规矩办事，以权谋私、搞特殊化的情况不多，像丁谓、王曾这样两位政府总理碰在一起，居然连个外甥复员的事都搞不定；二是已经出现了像丁谓那样的权相可以一手遮天，副总理王曾没有丁谓的安排，连单独见皇帝都困难，其他的官员更不用说了。

一个王朝的政治运作，简单地说就是君臣合作。但这种合作并不是均等合作，而是在以宰相为首的官僚层主导下的合作。宋太祖的时候，赵普当宰相，由赵普下发的中书堂帖效力重于皇帝的敕命，可以说已经出现了权相的苗头。宋太祖及时出手，下令中书省不得再行发堂帖，扼制了相权的脱逸。而到了寇准拜相，又在皇帝正式敕命之外下发中书札子，其实与赵普的堂帖也大同小异，相权再次漫洇。仁宗朝的参知政事范仲淹还称颂寇准："寇莱公当国，真宗有澶渊之幸，而能左右天子，如山不动，却戎狄、保宗社，天下谓之大忠。"——以能够左右天子为大忠，这恐怕是从宋代士大夫开始才有的观念。当然了，宋朝能够左右天子的权相毕竟也屈指可数：寇准、丁谓、王安石、蔡京、秦桧、史弥远等几人而已。而同样是作为宰相左右天子，如丁谓之于仁宗、蔡京之于徽宗、秦桧之于高宗、史弥远之于理宗，则无人认为是大忠，一致评价为大奸。这里评价的标准大概是以左右天子的目的究竟是为公还是为私吧。

学者王瑞来指出："关于皇权与相权，从一般形式上看，如果用公文的颁布做比喻的话，相权犹如公文内容，皇权则如公文上的公章。只有公章，没有公文，就等于没有实际内容的一纸空文。而只有公文，不加盖公章，则公文没有效力。两方缺一不可。然而，较之公文本身，公章应当说更具象征意义。尤其在宋代，皇权这颗公章，更多的时候确实只是一颗象征性的'橡皮图章'。"

但是不要小看了这颗"橡皮图章"，前面说过，宋朝跟前面的朝代最大的不同是开启了士大夫的文人政治，士大夫以儒家文化的规范来约束皇权，使皇帝产生自律意识，自觉遵守君相之道；而这种儒家文化的规范也同样作用于士大夫自身，如果士大夫脱离了"君君臣臣"的规范，那么他就沦为乱臣贼子，失去了法理上的正统性。因此，宋朝虽然有权相，但对君权都还保持最起码的尊重，没有发生过前朝那种权臣篡位的事情。

在宋朝的18位皇帝中，有8个皇帝没有亲生儿子继承大统。终宋一朝，非皇帝亲生子即位的比例高过40%，在这样的情况下，宋朝却始终没有出现大的内生政治危机，且较之其他朝代，后妃干政、宦官擅权等现象也要少得多，这在历朝历代是非常罕见的。如果要溯其原因，儒家文化主导下的和顺的君臣之道是其中重要的原因。

置于君主制政体下的士大夫政治，官员的升降任免以及决策施政，尽

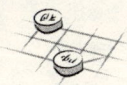

管主要决定于以宰相为首的士大夫执政集团，或者决定于各种政治势力间的角逐，但绝不能说与皇帝完全无关。所有的决定都必须以皇帝的名义来颁布。王安石"得君之初，与主上若朋友，一言不合己志，必面折之，反复诘难，使人主伏弱乃已"。但是神宗之后，王安石就势力雪崩，他所推行的新法也都被一一废除。所以王瑞来认为："宰辅专政实质上是与皇帝合作下的专政。在这样的政治形态之下，皇帝的合作最为重要。因而执政集团为了取得皇帝的密切合作，最大限度地吸收皇权，往往不是将意志强加于皇帝，而是软性应对，时而向皇帝做出一定的妥协，充分照顾到皇帝的面子。作为官僚个人，与皇帝关系的亲疏，同其在官场沉浮有着相当密切的关系。然而，从实际作用上看，在决策过程中，皇帝并不担当决定性角色。一般说来，与执政集团相结合的皇权，才是强有力的皇权，反之则是孤立和无力的。同样，有了皇权的支持，宰辅专政才得以实现。二者之间是互补关系。"

宋朝的谏官制度也较完善，作为君权与相权之外的第三种势力，谏官虽然官品不高，但却可以对皇帝和宰相提出直言批评。王安石为相，权倾朝野，他提拔的同知谏院唐坰因私愿未足，在朝会时叩请神宗召见，神宗传话说："他日！"唐坰却伏地不起，神宗无奈只得将他召至御前。唐坰到了御前，对神宗说："臣有检举大臣不法的奏章！"说完，就大声喝道："王安石近御座前听劄子（旧时的一种奏事公文）。"事发突然，王安石还未移步，唐坰又呵斥道："你在陛下面前犹敢如此傲慢，在外可以想见！"然后，他就开始当面痛斥王安石、文彦博、冯京等一班宰执大臣。这种谏官大闹朝堂的事到了宋朝后期，经过几次政潮反复，就不太出现了，整个官场开始以顺从为美。

宰相需要皇帝的支持，即使是权相，他的权也是假借于皇权，一旦皇帝收回这个假借给他的权，权相也就一无所有；同样，皇帝要做些事情，也需要得到宰相的配合。宋真宗在王钦若的策划下搞了一出"天书"的闹剧，号称天降祥瑞证明真命在宋。他知道宰相王旦出于儒家正统的"子不语怪力乱神"思想并不支持这样的做法，于是就玩了点心眼，召王旦到宫中来饮酒，喝好后又赐给王旦一坛酒，说是让王旦拿回家去跟家人一起喝。王旦回家启坛一看，里面竟装满了金银珠宝。像这样，为了落实计划，身为皇帝必须贿赂宰相的事情，充分说明了皇相与相权的相互制约。王旦为了宋真宗的面子，终于不再持反对意见。

不仅如此，连皇帝后宫里的事，也要受到相权一定的干涉。宋仁宗时有嫔妃久不得升迁，屡屡向仁宗请求。宋仁宗说没有前例，朝廷上通不过。嫔妃不以为然，说："你做皇帝的出口就是圣旨，谁敢不从？"——这也是老百姓一般的理解——宋仁宗笑着说："你不相信，试着降旨给政府看看。"结果，以宰相为首的朝廷政府果然给驳了回来，宋仁宗拿着被驳封的敕命给嫔妃看，并且说："凡事必与大臣佥议，方为诏敕。"

同样道理，皇帝也不能并且不敢毫无正当理由随心所欲地罢免宰相、执政大臣乃至普通官员，必须是在屡有臣僚弹劾进言或是舆论形成之后，才有可能行使其罢免权。

皇帝行使罢免权，也有几种情况：一种情况是皇帝本身对某人不满，乘有人进言而捎带一泄私愤，这种罢免或多或少带有些皇帝的个人意志；另一种情况是皇帝对某人并无恶感甚至是宠信的，但经不住舆论压力和氛围，不得不罢，像宋仁宗罢免范仲淹、宋神宗罢免王安石就是如此。这种罢免非但不代表皇帝本人的意志，甚至是皇帝的违心所为。而无论哪一种情况，在罢免背后，都具有朝廷内政治势力角逐的印记。

四

宋朝的宰辅制度基本沿袭唐朝，宰相采用集体负责制，但比唐朝更进一步的是宋朝还故意设置了名目众多的相位，如使相、计相、枢相等，以分宰相之权，另外又设副宰相以制约相权，宰相如果没有皇帝的支持就很难发挥作用。如果皇帝圣明，那么皇朝的政治可以保持健康稳定；如果皇帝昏庸，那么奸臣就会迎合皇帝的兴趣，扰乱朝纲。

中国的老百姓习惯以忠、奸划分历代的宰相，其实所谓的奸臣，在秦汉两晋大凡表现为权奸，即宰相依仗个人的权势威逼皇权，如王莽、如曹

操、如司马懿；而隋唐以降奸相也很多，如隋朝的杨素、宇文化及，唐朝的李义府、李林甫、杨国忠，宋朝的王钦若、丁谓、蔡京、秦桧、贾似道，明朝的严嵩等，但这些奸相无不依赖皇权的支持，他们总是利用皇帝的昏庸和贪图声色犬马的弱点，投其所好，以博得皇帝的恩宠，擅权乱政。这一恶果是与宰相沦为皇帝私人、相权分散难以制约皇权的机制分不开的。可以说，唐宋两朝，有怎么样的皇帝就有怎么样的宰相，宋徽宗与蔡京的故事就可以充分说明。

蔡京

宋徽宗是中国历史上文艺造诣最高的一位皇帝，他本人长得一表人才，用古人常说的形容叫作"面如脂玉，唇若敷朱，风姿如玉树临风"。他任用的宰相也大多风度儒雅，颜值出众。宋徽宗御笔亲制的名画《听琴图》画的就是他自己弹琴、宰相蔡京在旁听琴的情境，从图画上看，蔡京

宋徽宗御笔《听琴图》，弹琴者为徽宗，左边坐者就是蔡京。

也是眉目俊秀疏朗，雍容华贵，气度不凡。而宋徽宗朝的另两位宰相王黼、李邦彦也在史书上留下了美容颜的记载。甚至是被宋徽宗拜为枢相的宦官童贯也与一般人印象中的太监截然不同，史书记载，此人身材高大魁伟，皮骨强劲如铁，双目炯炯有神，颐下居然还生着胡须。一眼望去，阳刚之气十足，绝不像阉割后的宦官。但就是这满朝的美男子，金玉其外丝毫不掩他们的败絮其中，把大宋朝推上了覆亡的境地。

宋徽宗青睐蔡京首先是青睐他的一笔书法。宋徽宗自己也是书画双绝，他的"瘦金体"字体至今广受书界喜爱。而宋朝有四大书法家，即苏、黄、米、蔡，前三位分别是苏东坡、黄庭坚、米芾，后一个"蔡"今人多以为是蔡襄，其实应该是蔡京。顺便说一声，秦桧的书法也很了得，我们今天普遍在使用的宋体字就是他的书体。

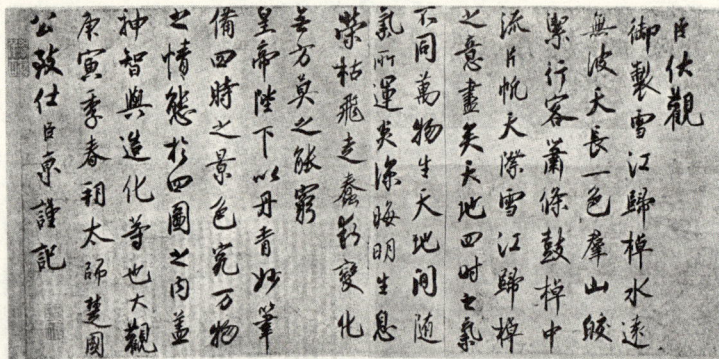

蔡京书法

宋徽宗在当亲王的时候就是蔡京书法的狂热粉丝。据宋人《铁围山丛谈》记载，他曾经以2万钱的高价从其随官的手中购买两面蔡京题字的团扇。2万钱，可是相当于当时一户普通人家一年的花销！这样的气味相投为蔡京日后的飞黄腾达创造了无与伦比的条件。

蔡京这个人出道很早，但在政坛上的声名却不佳，大家都知道他惯于见风使舵。他本是王安石"变法"一派的，可等到司马光上台后，他又十分积极，五日之内把新法尽行废除，连司马光都感叹地称赞他："使人人奉法如君，何不可行之有！"然而等到宋哲宗亲政，又恢复新法，蔡京马

上附和变法宰相章惇，把司马光废掉的新法又统统搬了回来。这样几次"翻烧饼"后，世人都有些瞧不起他了。宋徽宗初即位时，他已经被外贬到杭州做一闲官。

说来也是机缘。宋徽宗太平天子坐定，便以内廷供奉官的名义派宦官童贯去杭州设明金局收罗文玩字画。内廷供奉官相当于皇宫的采购供应处长，官职不大，但显然是一个接近皇帝又很有油水的差事。蔡京立刻去巴结童贯，将自己珍藏的王羲之的字送给了童贯。在杭州期间，这两个人过从甚密，朝夕相处，蔡京也一定帮着童贯把油水捞饱了。而童贯则按照自己对宋徽宗圣意的揣测，指点蔡京创作了一批宋徽宗喜爱的书画作品上贡，甚至回京后还出手豪爽地为蔡京的东山再起打点关节。

据说，童贯的几个小太监徒弟看不明白，问师傅为什么要如此热心地帮助一个贬居在杭州的倒霉官员。童贯告诉他们："现任的宰相没有人把我们放在眼里，与其去巴结他们，还不如我们自己扶植一位，让他来巴结我们！"

就这样，蔡京又回到了中央，拜相为左仆射。一朝大权在握，他就一边哄着徽宗皇帝，一边大量任用私人，胡作非为。他看准了宋徽宗有艺术家气质，追求精致生活，不断鼓励皇帝大行奢靡之风。劳民伤财的浩大工程一一上马，明堂、艮岳、花石纲，蔓延成灾，荼毒全国。宋人小品里记载了一个小故事：说是蔡京倒台后，蔡府成千上万的仆佣流落民间，有个厨娘据说是在蔡府专门负责做包子的，而蔡府的包子早已名闻天下。于是有财主重金将这位厨娘雇来想一尝传说中的蔡府包子。但这位厨娘进了厨房却什么也不会干，一问，她说自己在蔡府只是负责切葱的。连切葱都是专门分工！可见蔡京的生活多么的奢华。

蔡京上位靠的是童贯出力，这两个人也一直狼狈为奸。但在大观二年（公元 1108 年），蔡京与童贯之间还是发生了一次严重的龃龉，起因是宋徽宗下令授童贯"开府仪同三司"，也就是拜了"使相"。这一尊崇的官职待遇、荣耀甚至超过了宰相，而过去，这一官职从没有授给一位太监过。蔡京心里不平衡了，再加上一段时间来童贯在枢密院选拔将校时不通过政府程序，直接从皇帝那儿取旨任命，蔡京认为童贯侵犯了自己作为宰相的尊严与权力，他决定还以颜色与童贯掰掰手腕看。因此，蔡京对拜童贯为使相的诏令表示抵制，说："童贯以一个宦官之身受封节度使执掌枢密院已然过分，使相尊位哪里是他所应该得到的？"他拒绝副署，不在诏命上签名，皇帝也只好不了了之。

童贯当然很恼火，他没想到反对之声会出自自己一力扶植的蔡京宰相。于是，他动用一切力量反击，终于又把蔡京赶出京城贬回到杭州去了。

经过这一番挫折，蔡京认识到自以为显赫的相权在皇权面前不堪一击，只有讨得皇帝的欢心，他这个宰相才可以为所欲为。而要讨得皇帝的欢心，与皇帝的身边人搞好关系就是不二法门。蔡京很快施展他那一套跌得倒爬得起的功夫，与童贯冰释前嫌，重新爬上相位。

平心而论，蔡京的政治生命力真是十分顽强，他的一生中，光在宰相的位子上就曾四上四下，前后执掌相印达 17 年之久。经此变故后，蔡京再也不敢去惹童贯，两个人结成牢固同盟，时人背后称蔡京为"公相"，称童贯为"媪相"。媪是老年妇人的意思，因为童贯是宦官的缘故。而在他们周围又聚起一帮阿谀逢迎、瞒上欺下之徒，时人将之与他俩并称为"六贼"。奸人结党，把持朝纲，终于把北宋皇朝送上了不归路。

五

中国的政治，从根本上说，是一种派系政治。政界的人物之间有着各种各样表面的或内在的联系，其间关系错综复杂宛如一张网。而皇帝则是这张网中的纲，纲举目张，如此而已。宋朝的朋党政治一点都不比唐朝和缓，其唯一区别在于不再刺刀见红、夺人性命而已。

明道二年（公元 1033 年），宋仁宗开始亲政。以参知政事范仲淹为首的一批士大夫意识到只有实施革新，才能走出皇朝的中期困境。于是，庆历新政拉开帷幕。

范仲淹在宋仁宗的授权下，选派"纪委干部"到各地检查官员的操守，只要有民怨的，一律革职。范仲淹从官员名册中一一勾掉这些人的名字，他的"改革派同志"、枢密副使富弼担心他树敌太多，对他说："你大笔一挥容易，却不知道他们一家人都会因此痛哭流涕。"范仲淹却坚决地说："让一家人痛哭总比让千家万户痛哭要好！"就这样，一场大宋王朝的反腐风暴开始了。

在这场反腐风暴中，范仲淹得罪了一个人。这个人是个小人。这个人叫夏竦。

范仲淹

夏竦原先在外地当官，宋仁宗任命他为枢密使（相当于国防部部长）。一接到委任诏令，夏竦就意气风发地赴京上任，没想到却在京城的城门外被一群人堵住了。原来夏竦生性贪婪，为人狡诈，在官场上名声很坏。宋仁宗对他的任命一公布，立即在朝中引起轩然大波。以革新派为主的大臣纷纷劝谏宋仁宗收回成命，同时，他们还组织人马借着反腐风暴的威势到城门口围堵夏竦，阻止他进京受命。这样的做法显然有些无政府主义，但在当时却是民意的体现。宋仁宗也没有办法，只得顺应民意，改授夏竦为知亳州。

没有直接的证据表明是范仲淹组织或者授意组织了这次城门事件，但作为反腐风暴和革新派的领袖，他显然已经被夏竦记恨上了。当然，记恨新党的也不仅是夏竦一人，还有其他因新政受到极大利益损害的贵族官僚。这些人开始在宋仁宗面前诬告：范仲淹、富弼、欧阳修、石介等人结党营私，祸害朝廷。

结党营私可是大宋朝极为敏感的政治话题。吸取唐朝的党争教训，宋太祖开国不久，就专门下诏严禁大臣结交朋党，宋仁宗本人对此也十分警惕，多次颁布"戒朋党"的诏令。听到对范仲淹等人结党营私的控告，那位自称"诸事不会，只会做官家"的宋仁宗，眉头皱了起来。

夏竦重金收买了皇帝身边的贴身内侍，让他们不遗余力地散布范仲淹等人祸害国家的谣言。他甚至还想出一个更毒辣的阴招：悉心培养身边的丫鬟天天临摹国子监老师石介的书法，最终达到以假乱真的地步。夏竦让她仿照石介的笔迹，假造了一封写给富弼的信，信中充斥了大逆不道的言辞，并暗含发动政变废黜宋仁宗的意思。随后，夏竦使人把"密信"送交宋仁宗，谎称是夜晚巡查的官员截获的。宋仁宗看了将信将疑。

第二天早朝，宋仁宗故意问道："前朝结党的皆是小人，难道君子也结党吗？"他这么说，原本希望得到范仲淹等人的否认，以使他安心。谁知范仲淹却实话实说："物以类聚，人以群分，结党是再正常不过的事了。历朝历代都有正邪两党之争，我想皇上只要用心体察，自会辨出忠奸。"——这么一说，好像是承认了他们在结党。宋仁宗表面不说，心里对他存了芥蒂。不久，感觉到危机的革新派人物欧阳修又专门写了一篇《朋党论》呈送给宋仁宗，试图就这个问题再作阐述和辩白。欧阳修是大宋朝的文章领袖，他的这篇《朋党论》后来被收入《古文观止》，相当有名，大家可以去找来看看。只不过在当时，他的这篇文章却恰好帮了倒忙，给夏竦等保守势力提供了绝佳的反击机会，因为他们根本不会承认自己在结党，却可充分利用宋仁宗对朋党的抵制态度大肆攻击革新派。终于，在夏竦等人的反扑下，宋仁宗从支持革新，转而下诏废除革新举措，并将范仲淹、富弼、欧阳修、韩琦等一干革新人物贬去做了地方官。实施不到两年的"庆历新政"就此偃旗息鼓，夏竦则乘势而起，重新回到枢密使的位子，不久又出任宰相。范仲淹被赶出中央，留给后人一篇著名的《岳阳楼记》，其中"先天下之忧而忧，后天下之乐而乐"的著名论点成了后世文化人的精神寄托，释放着巨大的无形能量。

为什么宋仁宗对朋党这么敏感呢？因为从中国历史上讲，"党"这个字一直都是贬义词。《尚书·洪范》有这么一句话："无偏无党，王道荡

荡；无党无偏，王道平平；无反无侧，王道正直。"王道的标志是"无偏无陂"，是公平正义，没有任何倾斜，所以历朝皇帝都讨厌大臣结成朋党。其实，只要有利益和是非，因立场、站队不同，总会出现不同的阵营，但是儒家的思想片面强调"不党不私"，历代帝王也都把"结党"看作是"营私"的同义词，严加打击。而历史上的朋党在己方得势之时打击对手也都不遗余力，历史上的"党锢""党禁""党人碑"无不鲜血淋淋，唐朝的"牛李党争"更是搞得两败俱伤，以至于中国政治最终未能健康地发展到政党政治这一步。

从某种意义上说，由于未能演化出健康的政党政治，那么党派的存在只是突出了君权的价值，皇帝可以作为一个仲裁者，既可以超然物外而又能够左右政局。一旦党内无派了，倒可能是君权旁落的时候了。北宋徽宗朝后期和南宋高宗朝后期，朝廷里就没有了反对党，因为满朝文武都成了蔡京、秦桧的人。

宋徽宗曾问大臣侯蒙："蔡京这个人怎么样？"侯蒙回答："要是蔡京心术端正，即使是古代的贤相也不一定能比得上他。"问题是，蔡京的心术毕竟端正不了。蔡京自己拟旨，不由中书门下共议，却让徽宗抄写后发出，以至有些语言已经"不类帝札"，不符合皇帝的身份了，而《宋史》上记载是"群下皆莫敢言"。而秦桧则"挟虏势以要君"，借金国的势力要挟宋高宗，他被高宗选拔为相，可谓是宋代选相中绝无仅有的一桩奇事。而秦桧被升为左相后，宋高宗甚至一直把右相的位置空缺，让秦桧独掌朝政。朝中的正义之臣，几无存在之余地；趋炎附势之徒则对秦桧百般逢迎，还吹捧其为"圣相"——圣相的称呼在历史上都极其罕见，孔子任相鲁国，被晏子称为"圣相"，这是圣相的最早记录；唐代，李商隐称裴度为"圣相"，在宋朝，真宗的老师、宰相李沆曾被誉为"圣相"，除此之外，再无他人了。

秦桧执相18年，独霸大权，不许他人染指，后来他提拔亲信汤思退与他共为宰相，汤每日不过照他的指示做事，从不敢有异言。某日，秦桧请假，汤思退被高宗召见时谈话较多。次日，秦桧一见汤劈头就问："皇帝面前说些什么?"汤思退惶恐不安地说:"一直在赞颂太师。"秦桧冷笑道:"那谢谢你了!"汤思退战战兢兢地随秦桧见过高宗,高宗一如平日,专与秦桧谈话。秦、汤二相陛见完毕,回到政事堂,弹劾汤思退的章奏副本已经放在案前。秦桧一笑,而汤思退却汗流浃背,他知道这些弹劾奏章都是秦桧指使言官上的。

大将张俊,在诸大将中最善于讨好高宗和秦桧,也参与了陷害岳飞,其像与秦桧像一起跪在岳飞墓前。他其实还是岳飞的老长官,高宗对他也十分信任,封他为清河郡王,杭州的河坊街从前叫清河坊,那里就是他的府第。对这样一位同党,秦

南京博物馆内的秦桧塑像

桧也不放心。有一次,他当着高宗的面突然对张俊说:"你有没有信得过的部属可以担任边帅?请推荐两位。"张俊知道高宗最怕将领搞"亲近繁殖",连忙说:"没有什么人可以推荐。"秦桧笑眯眯地又说:"请你推荐翰林学士,你可能犯难;推荐将帅你还能为难?"张俊连忙又说:"容我想一想,可能韩世忠的部下有两个可用的人。"——他死都不敢推荐自己的人!秦桧这才真正开心地笑了。某次,高宗在宫中玩腻了,到清河坊的张俊府第串门。皇帝在他的府上玩得十分高兴,可是天一过午,张俊就请宦官催促高宗回宫。宦官催了几次,高宗这才微感扫兴地回宫去了。次日,有人问张俊:"陛下不言离去,你为什么一再催促圣驾返回大内?"张俊答道:"我怎么不想款待皇上呀?可皇上到秦相爷府都是过午就走的,我能不考虑这一点吗?"——他是怕秦桧不高兴呢!

顺从秦桧的人也常要提防他,因为稍不顺其意便可能祸害立至。另一个跟张俊一样跪在岳飞墓前的大臣万俟卨原是个为了升官不择手段的人,为了升官,他甘为秦桧爪牙,构陷岳飞冤案后竟升官至副相。某次,秦桧

要他在朝堂上把金国夸赞自己的文章讲给大臣们听，万俟卨觉得金国毕竟是敌对国家，这样做太过分了，便没有照做，秦桧立刻将他贬出了朝廷。

朝中公开反对秦桧的胡铨、陈刚中、邵隆等大臣，都被他流放到边远地区。14岁的儿童王谊写了一句"可斩秦桧以谢天下"就被判了死刑。后因反对舆论太强，秦桧故作大度，将此童流放荒郡。

秦桧对任何含有反对、讽刺他的戏剧诗文都不放过，优伶演戏时，一个演员将两只玉环挂在脑后，坐在太师椅上作傲慢状，另一个演员责备他："你将太师椅坐牢了，却把二胜环（即"二圣还"，指徽、钦二帝的南还）置于脑后。"秦桧听得大怒，立即将演员全部下狱，有的演员竟死在狱中。

绍兴十八年（公元1148年），秦桧要求宋高宗任命他的儿子秦熺为知枢密院事，掌管"国防部"，父子相继控制南宋皇朝的野心昭然若揭，而满朝文武竟没有一个人站出来反对，宋高宗也只得违心地答应。

秦桧在将死之时，还叫人草拟奏章，要把张浚等五十多人置于死地。他提笔在奏章上签名时，手颤抖无力，却还要落笔。可毕竟久病体衰，晕倒过去，张浚等人才死里逃生。

绍兴二十五年（公元1155年），这位权倾一时的奸相病逝，宋高宗居然也如释重负，说："现在我才敢将藏在靴子里的匕首取出来呀！"——原来，为了怕秦桧不利于自己，宋高宗这么多年一直在靴子里藏着把匕首防身！

从徽宗、高宗开始，宋朝百余年建立起来的较为和顺的君相关系、士大夫政治其实已经开始被破坏。等到南宋后期，韩侂胄、贾似道先后当政，就从根本上破坏了宰相必由进士取的规矩，重新走上了外戚势力以裙带关系攀至相位执掌朝纲的旧路。

陈寅恪曾说"华夏民族之文化，历数千载之演进，造极于赵宋之世"，既然是造极，就是达到了顶峰，而到了顶峰就要开始走下坡路，这是自然常识也是历史规律。中国的君相分权制度虽然没有走上西方议会政治的道路，但在宋朝的文人政治中也达到了一种难能可贵的和谐，创造了中华特有的政治文明。但是这一切很快就将走入下坡。从起点到终点又从终点回到起点，这是一个历史的宿命，何妨将宋朝的政治文明看作是这个宿命中的一个顶点呢？

六

把文明带入下坡的是几个奸佞人物。

宋朝曾出了三个臭名昭著的奸相：蔡京、秦桧、贾似道。前面已经说过蔡京、秦桧架空皇帝的伎俩，而要说耍赖的手腕、让皇帝依赖和惧怕的程度，前两位却还难以匹敌贾似道。

贾似道是浙江天台人，其父曾任淮东制置使，也算一任地方大员。但是贾似道这个"官二代"却没当多久，10岁的时候他爹就死了，家道中落，平日娇生惯养的贾似道沦落到无人管教、游手好闲的地步。长大之后，总算朝廷照顾"官二代"，让他去嘉兴做了个仓库保管员。后来，贾似道的同父异母姐姐被选入宫，成了宋理宗宠爱的贵妃，从此，贾似道就交上了运，不出几年，小舅子就做了姐夫的右相兼枢密使。

蟋蟀宰相贾似道

此时，蒙古人已经从漠北崛起，横行欧亚。成吉思汗的孙子、蒙古大汗蒙哥亲自率军攻击南宋的合州钓鱼城。在四川，钓鱼城守将王坚率领军民奋勇抗击，不仅重创蒙古军队，还让大汗蒙哥也付出了生命的代价。不久，蒙哥的弟弟忽必烈领兵抵达黄州（今湖北黄冈），得知蒙哥死讯，便渡江强攻鄂州，并扬言要顺流而下直捣南宋的都城临安（今浙江杭州）。宋理宗闻讯，急命"国防部部长"贾似道进入鄂州督师抗敌。贾似道到了前线，惊惶失措，私下派使节去向忽必烈求和，许下称臣纳贡、割地赔款等不少的诺言。此时，忽必烈急于返回漠北王庭去争夺大汗的宝座，也就

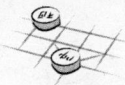

答应了贾似道，解围而去。这一下，贾似道乐了，大言不惭地向宋理宗谎报军情，称宋军大捷，赶退强敌，却矢口不谈求和的事。宋理宗还真以为这个小舅子能干，对他大加封赏。但是纸毕竟包不住火，蒙古人派使者来找贾似道，要求他兑现割地赔款的承诺了。贾似道生怕求和的事情败露，居然大耍无赖，非但翻脸不认账，还把忽必烈派来的使者给扣留囚禁了起来。居然有这样背信弃义的事！忽必烈闻讯暴跳如雷，只不过，争夺汗位的斗争没有尘埃落定，大汗没工夫立刻挥师南下。到了后来，伯颜率大军伐宋，攻到临安城下，宰相文天祥受谢太后之命去伯颜军中求和，请为属国，蒙古人却说南人皆不可信，不跟你谈了。这是贾似道种下的恶果。

景定五年（公元1264年）十月，宋理宗辞世，贾似道奉遗诏拥立宋度宗即位。度宗比理宗还要无能，对军国大事没有丝毫兴趣，为了纵情声色、享受安逸，干脆把朝政一股脑儿地推给贾似道，还尊贾似道为"师相"。而这贾似道也是个玩主，常常十天半月不上朝处理朝政，却带一帮狐朋狗友去西湖里玩耍，当时人称"朝中无宰相，湖上有平章"。这样的君臣际会，怎能不把赵宋三百年的江山给断送了？

宋度宗对贾似道有一种病态的依赖，贾似道正好利用这一点，稍不如意，动辄以辞职相威胁。宋度宗生怕他撂挑子，挖空心思去讨贾似道的欢心，派去赏赐贾似道的内侍整日络绎不绝，到后来，甚至派内侍在夜间给贾似道看守门户。贾似道上朝来不必叩拜，相反他离开时宋度宗却要起身离座，目送贾似道走得没影了才敢落座。发展到后来，宋度宗简直一举一动都要听贾似道的指挥。有一次，他们去景灵宫进香，回来的路上遇到了大雨，贾似道就让宋度宗雨停后再回宫。偏偏这雨却下了好几天都没有停歇的迹象，内侍胡显祖见宋度宗心里焦急，就趁势劝他冒雨回宫，反正用不着皇帝自己淋着。不想宋度宗却说："贾似道没有答应，我擅自回宫恐怕不好吧！"——想想，一个皇帝当到这点主见儿都没有了！

贾似道"湖上平章"当得快活，而蒙古人却又开始南下牧马了。湖北的襄阳城首当其冲，被围困了整整五年。这期间，贾似道不发一兵一卒救援，就当没这么一回事。有一次宋度宗听到宫女们在议论这件事，心里倒也吓了一跳，连忙宣召贾似道商量对策。贾似道正在家里跟妻妾宾朋玩他最喜欢的游戏——斗蟋蟀，懒得理会，随便说了个理由就把内侍打发回去了。宋度宗不放心，再三派人来请，贾似道这才勉强进宫，听说此讯后，他蛮横地说："蒙古人早就被我打退回去了，哪来的蒙古人？陛下怎么会听信宫女的话呢？难道前方的战事，满朝的文武未知，还是足不出宫的宫女先知道？"——是啊，满朝文武不知，难道还是足不出宫的宫女知道？宋度宗想想也是，于是唯唯诺诺不再开口。而那个宫女，则以传播谣言的罪名成了贾似道的刀下之鬼。

然而，蒙古人的铁骑把欧亚大陆踏得震天动地毕竟是个不争的事实。而被困无援的襄阳城也终于在弹尽粮绝后举起了降旗。消息传到临安，朝野上下一片哗然。为了推卸责任，贾似道一会儿鼓动宋度宗御驾亲征，一会儿表示自己将率师出征。另一方面，他又指使心腹上书，强烈要求"师相"留守临安，强烈反对皇帝御驾亲征。反正，信息乱得一塌糊涂。贾似道还摆出一副义正词严的样子说："如果皇上早一天上前线，就绝不会出现今天的局面。"同时，又吃定宋度宗胆怯离不开自己，故意请战："蒙古人气焰嚣张，只有我能够镇得住他们，请皇上派我去前线督师。"宋度宗此时已把贾似道看作是身边的一根救命稻草，哪里肯放，苦苦劝他留在临安指挥军事。贾似道也正好留在水波潋滟的西湖上继续"指挥"着。

宋度宗经不起恐慌折磨，很快一命呜呼，贾似道拥立年幼的宋恭宗登基，这样，他就成了"三朝元老"。"三朝元老"总得做点事吧。元军已经一路南下，连建康都危在旦夕，于是朝臣和太学生们纷纷上书，一致要求"神勇无敌"的师相贾似道赴前线指挥作战。贾似道见群情激愤，只得硬着头皮率领13万精兵出征。走到芜湖，他就不动了，故伎重演派人去向元军求和。人家已经上过你的当，还肯再上吗？这会儿，"狼"玩真的了。两下一交手，13万宋军溃不成军，贾似道撑着一叶小舟逃往扬州。

同年七月，贾似道建议朝廷迁都避难，遭到朝臣和太学生的一致鞭挞，主政的太皇太后谢道清见众怒难犯，以丁忧为名，命贾似道回老家去给刚刚亡故的母亲守孝。贾似道做梦也没想到，这一次他居然有家难回！

走到城门口，却不得入城。原来，地方官听说贾似道要回来，关上城门拒绝接纳。贾似道不知该往何处去，只得再向朝廷请示，一连换了好几个地方，都遭到当地官民的极力抵制。最终，谢太后把贾似道流放循州（今广东龙川县西）。走到福建漳州，押解他的武官郑虎臣在木棉庵的茅厕中将他勒死了。

一代奸相，身死腌臜地，也算天道报应。而被他搞得七零八落的南宋江山，终于也在几年后于南海的崖山沉入历史的深渊。

崖山之后无华夏。中国封建时代政治文明的巅峰就这样成了历史的陈迹，而以后的发展就是急转直下、江河日下，终至回到秦一统时的绝对专制上去了。

....

第九章

张居正不是真宰相

朱元璋立下《皇明祖训》: "以后子孙做皇帝时,并不许立丞相。臣下敢有奏请设立者,即时劾奏,将犯人凌迟,全家处死。"——明朝不设宰相,那么,张居正怎么可能当宰相呢?问题也就出在这里。

一

明神宗万历十年（公元 1582 年）六月丙午，张居正终于走完了坎坷不平的仕途，与世长辞了。

在他死前三个月，身体已经感到不适。神宗特许他在家里审阅奏章，票拟诏旨。但病情一直未见起色。皇帝一次又一次地颁敕询问病情，还为他出钱买药，体现了君臣之间的深厚情谊。朝中文武及地方官员也纷纷为他斋醮祈祷，希望他早日康复。在他死前一日，神宗又加授他"太师"的荣衔。至此，他已经成为明朝屈指可数、位列三公的大臣了。

张居正

但张居正还是死了。

噩耗传来，神宗十分悲痛，停止视朝，下令在京师九坛设祭，命令四品以上京官、锦衣卫和司礼监的负责人统统去护丧归葬，赠其谥号为"文忠"。在此后的一段时间里，大臣们提到他，也总是"先太师"如何如何，不敢直称其名讳。

然而，这样生前身后的殊荣在半年之后就发生了惊天逆转。

先是神宗将张居正的同党内援、司礼监大太监冯保赶出了宫，并暗示冯与大臣狼狈勾结，这等于是向朝臣们发出了一个"反攻倒算"的信号，

"于是弹击居正者纷起"。万历十二年（公元 1584 年），神宗指派司礼监太监张诚会同刑部官员率锦衣卫赶赴江陵，查抄张居正的家。锦衣卫还没有到，接到诏令的地方官就早早地将张家满门禁锢不许出入，以至张诚他们到来时，张家竟有十几口老弱妇孺被活活饿死！随后，锦衣卫追索"赃物"，把张居正的儿子关起来严刑拷打，最后张居正的大儿子被迫上吊自杀，另两个儿子也被充军发配。张居正的封谥都被追夺，就差没有掘墓鞭尸了。他重用的官员也悉遭罢免，人亡政息，改革措施尽皆付诸东流。

张居正到底做错了什么，引来身后如此的反复？

最主要的原因是张居正大权独揽、专断朝纲给神宗皇帝造成了巨大的压力和心理的阴影。黄仁宇在《万历十五年》深入剖析了这对君臣的微妙关系，读者诸君自可品味体察。

其实，张居正的悲剧发生在明朝还有其特殊的时代背景，从明朝的官制来说，张居正并不是真正的宰相，所以他的专制就显得名不正、言不顺，朝中大臣心底不服，也埋下了日后"反攻倒算"的种子。

张居正成为一人之下、万人之上的内阁首辅是自隆庆六年明穆宗病故而另一位权臣高拱被逐之后开始的。虽说从隆庆元年（公元 1567 年）起，张居正即已入阁为大学士，但在首辅大学士高拱的强权下，他一直小心谨慎。直到高拱被逐，张居正才凭着上有太后支持，内得冯保相助，神宗又年幼，师事于他，他才得以独裁。随着地位日高，张居正也日益无所顾忌，行为处事不免超越了传统所规定的为臣之礼。有一个事例可见神宗对他的忌惮：有一次神宗在讲筵上读《论语》，将"色勃如也"的"勃"字读成了"背"的音，张居正在旁像训小学生一般厉声喝道："当读作'勃'！"把神宗吓得一下子跳了起来，一同侍讲的其他大臣都大惊失色——哪有对皇帝这样训斥的？何况也不是什么大错误。

而朝中大臣对张居正也不服气，因为按明朝官制，大学士只是个五品官，职责是为皇帝提供一些意见建议，帮助皇帝处理一些奏章文件，类似于今天的秘书，或者说得好听一点，是皇帝的私人顾问。这里牵涉明朝的一段历史，那就是明太祖朱元璋废除宰相并且宣布永不设宰相的成例。

二

朱元璋在建立明皇朝之初是设立过宰相的。从前唐代是三省分职，中书省、门下省、尚书省三省长官并为宰相；到了宋朝，门下省已经退处无权的地位，尚书省也只是执行机构，其时的宰相都在中书省。自元迄明，还是以中书省为中枢机构。朱元璋最初以李善长、徐达为左、右丞相，主掌中书省。

李善长与朱元璋原来同为郭子兴的部下，两人相交甚厚，而且李善长有智谋，料事多中，善于决断，在朱元璋打天下的过程中，李善长是一个兼具萧何与张良两人之长的人物，所以，拜他为相也是众议所归。建国之后，朱元璋却感觉到君权与相权的冲突日益加剧，觉得李善长"贵富极，意稍骄"，便想采取措施限制相权。正好李善长生病请假，朱元璋就此让他放了长假，免去了他左丞相的职位。

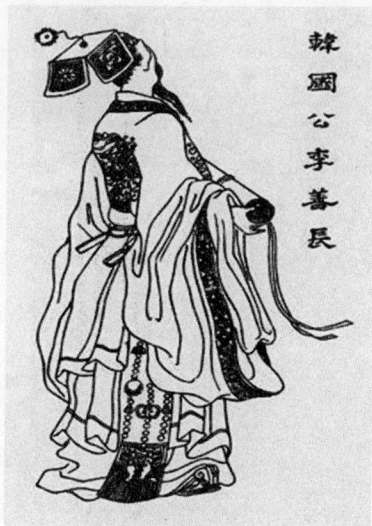

李善长

徐达是大将出身，虽然封为右丞相，不久就与常遇春领兵北征追讨蒙古残余势力去了。所以，当李善长致仕后，中书省无人主持，朱元璋就选了汪广洋来接替李善长。汪广洋遇事小心，事无巨细都来请示朱元璋，这又给朱元璋带来不少麻烦。接着，李善长培养的亲信胡惟庸就进入了中书省。

胡惟庸比汪广洋善于任事，又不像李善长那样专断，明太祖对他很满意。洪武七年正月，朱元璋就一脚踢开了汪广洋，将汪贬为广东参政。此时，胡惟庸自觉深受信任，又去了有碍手脚的汪广洋，办事开始放开手脚无所顾忌。朱元璋是个猜忌性很重的主子，胡惟庸的这种变化，他早已看在眼里，觉得还是让两个丞相互相牵制比较好，于是洪武十年九月，汪广洋又被调回中书省任右丞相。

汪广洋第二次入相才两年多，就发生了大臣刘基刘伯温突然暴卒的事件。刘基是朱元璋打江山时的智囊，号称明朝的张良。但他与李善长关系很差，跟胡惟庸当然也不会好。当初，朱元璋对李善长不满，曾想任刘基为相。但朱元璋不直说，只是问刘伯温谁适合出任丞相。刘伯温是何等老谋深算，马上说："李善长是开国元勋，我以为丞相不换

胡惟庸

为好。"朱元璋见他不肯将自己与李善长的不和表现出来，淡淡一笑，又问道："杨宪这个人怎么样？"尽人皆知杨宪和刘基私交甚笃，明太祖是想试探一下刘基有没有在朝中结党、安插亲信的野心。刘基心里跟明镜似的，故作淡然说："杨宪有相才，无相器，不宜为相。""那么，汪广洋如何？""他器量偏浅，更甚于杨宪。""胡惟庸如何？"刘基立即反对："胡惟庸如同一匹劣马，叫它驾车，迟早要翻车！"朱元璋说："这些人都不行，请你来做丞相如何？"刘基又辞谢道："我疾恶如仇，又不耐繁剧，如果当了丞相会辜负皇上的。"朱元璋遂没有勉强刘基，但他心里却很看重刘基。这样一个人物，居然暴卒了。有人传说是胡惟庸命人用毒药谋害了刘基，朱元璋为了弄清事实，把汪广洋召入内宫秘密询问。汪广洋倒没有落井下石，而是出于持正之心，竭力为胡惟庸辩护，致使朱元璋大怒，立即以"朋欺"的罪名，也就是结成朋党欺骗皇上，将汪广洋再次贬往广南地区，后又派专使将他赐死在南行的途中。

汪广洋为胡惟庸辩护而被杀，信号已经很强烈了。朝中官员开始状告胡惟庸，揭发胡的许多阴私。偏偏这个时候，胡惟庸的儿子在首都闹市区的一起交通事故中意外身亡了。胡惟庸迁怒于儿子的司机，居然将人家打

死了。这下可好！一向"爱民如子"的朱元璋要拿胡惟庸开刀了，开刀当然不是以刑事杀人案为借口的，而是确确凿凿的谋逆大案，而且还是勾结日本、蒙古的国际性大案！胡惟庸被满门抄斩。

胡惟庸是李善长推荐的，这位老上司虽然已经退居二线，但是退休也不能成为腐败的屏障，有人甚至传言，胡惟庸当初是用二百两黄金贿赂了这位老丞相，才谋得进中书省的机会。此前受到李善长排挤和压制的官员纷纷落井下石，齐声说李善长是胡惟庸的黑后台，纵容胡惟庸谋反。朱元璋一带两便，以"大逆不道"的罪名，将李善长全家70余口都问成了死罪。

4个宰相死了3个，只剩下徐达一人了。据一些野史记载，徐达背部发了一颗背疽，朱元璋居然派人送去一只鹅，徐达吃了就病发而亡。

宰相都死光了，朱元璋宣布对帝国的权力结构进行重大改组，废除中书省和宰相制度，中书省只保留一个七品的中书舍人，其职守等于一个书记官；尚书省也不设长官，改由六部分头负责，六部尚书都是二品大员，这已经是当时最高的官阶了。朱元璋还在《皇明祖训》上留下极为严酷的警示："以后子孙做皇帝时，并不许立丞相。臣下敢有奏请设立者，即时劾奏，将犯人凌迟，全家处死。"

这样看来，朱元璋废除宰相制度其实是处心积虑的，他甚至需要胡惟庸这么一个权欲熏心并可能利令智昏的人，为自己提供一个端掉宰相制度的理由。与皇权较劲了1500多年的相位，名义上终于在朱元璋的手中化为乌有。明清两代500多年真正的封建帝王专制开始了。

朱元璋这个人在内心深处就是一个唯我独尊、皇帝至上主义者。前面说过"朱元璋要杀孟子"的故事，这位皇帝读"四书五经"时读到《孟子》，见里面写着"君之视臣如手足，则臣视君如腹心；君之视臣如犬马，则臣视君如国人；君之视臣如土芥，则臣视君如寇仇"这样的文字，简直不敢相信自己的眼睛！这部历代读书人奉为经典的必修课程，居然充斥着在他看来是大逆不道的话，似乎一个一个字锋芒直指向他。所以他下令撤去了孟子在孔庙中的配享资格，将孟子赶出了孔庙。可见身为儒家"亚圣"的孟子，那套社稷为重、民为贵的思想以及他所描述的君臣关系，是多么的不招朱皇帝的待见。

为了替自己的行为寻找理由，明太祖朱元璋将元朝的灭亡原因归结为"人君不能躬览庶政，故大臣得以专权自恣"。所以，他废除中书省、罢丞相，改变元朝"政专中书，凡事必先关报，然后奏闻"的惯例，改由自己直接受理章奏，原属中书省的一应奏疏、簿籍都必须由他来处理。这么一来，皇帝的工作量当然不止翻了几番。据说，朱元璋每天要看200件奏疏，处理400多件事。明朝人统计，仅从洪武十七年（公元1384年）九月十四日至二十一日的8天之内，朱元璋收到的奏疏就有1666件，合计3391件事。平均计算，朱皇帝每天批阅的文件在20万字，就是每天看一本20万字的小说也够累的！

这样的工作量就是神仙也吃不消，朱元璋虽然是劳模皇帝，可劳模皇帝毕竟是人不是神，即使五加二、白加黑，事情多得还是做不完，他需要几个秘书帮忙。朱元璋起初为自己设了春、夏、秋、冬四个辅官。这个官职听着就太没文化。后来，朱元璋变得有文化了，开始引进唐宋翰林学士的做法，设置华盖殿、文华殿、武英殿、文渊阁和东阁大学士，让这些人协助工作。因为这些殿、阁都是在皇宫内，所以这个秘书处就称内阁。大学士，说到底一开始也就是皇帝的秘书、皇帝的顾问而已，遇到皇帝有不清楚的事情，可以随时问他们，听他们的意见，以作参考。

内阁大学士的官品是五品，而六部尚书的官品是二品，上朝排班，大学士的朝位在尚书的下面，你说六部尚书们会服气张居正吗？

三

那么，大学士的地位到什么时候开始上升到六部尚书之上了呢？在皇权与相权的博弈过程中，当皇权取得主动，皇帝为了分流相权，往往会让自己的官家系统生出新的权力枝节，这也是一个慢慢的演变过程。

到了明成祖在位，任命黄淮、胡广、杨荣、解缙、杨士奇、金幼孜、

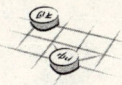

胡俨七人为阁臣，这些人入阁前的品秩都很低，其中品秩最高的是大才子解缙，他在入阁之前的职位是六品侍读，入阁后升为侍读学士，但也只有从五品；品秩最低的是胡俨，只是从七品的检讨，比县令还小。

永乐的时期，也没有内阁的正式设置和称谓，解缙等人入值办公的文渊阁本是明初翰林院兼皇家藏书室的所在。直到正统七年，以故鸿胪寺为翰林院，翰林院才从文渊阁中搬了出去，文渊阁才真正成为名副其实的内阁所在地，阁臣们不再以"日侍左右"为主要办公方式，而是集中在文渊阁处理政务、平章国事，总算有了一个正式的办公地点。

永乐二年底，朱棣对高级官员给予赏赐，给这几位学士的赏赐与六部尚书完全相同，这就给大家一个信号：内阁大学士虽然品秩不高，但在皇帝心目中与六部尚书等同。

明代规定，阁臣必须是甲科进士出身，否则在死后的谥号上不得加"文"字。说来也是，秘书、顾问还能没有文凭吗？但这条规定也是后来才逐渐形成的，例如最初的七名阁臣中，杨士奇和胡俨便不是进士出身。不过，他们虽非进士，但入阁之时却都在翰林院任职，杨士奇是编修，胡俨是检讨。严格说来，这七人虽非都是进士，却一律都是词臣。后来便形成了非甲科不得入阁的规定，于是，中了进士，又被选为庶吉士，人们便都以未来的相臣目之。

在正统以前，入阁者入阁后的品秩也很不统一，高的达到从一品（如杨士奇），低的只有正六品（如曹鼐），也就是说你今天还是个翰林院的庶吉士，只要皇帝看中你了，明天马上可以入阁。所以明朝的翰林很牛啊！

非进士不入翰林，非翰林不入内阁，这是朝臣入阁的基本原则。明朝162位阁臣中，入阁前没有翰林经历的只有23位，其中11位出在崇祯中后段的特殊时期。这当然保证了内阁学士的高学历、高素质，但是也带来弊端。从阁臣入阁前的历仕经历来看，任过地方官职的人太少，只有21人，占阁臣总数的13％都不到，而其余141人入阁前一直就任京职，占87％以上。用今天的任官用人标准来评判，就是没有基层锻炼，没有地方工作经验，不习世务，这跟两汉正好相反。

　　明朝阁臣的产生，最初是出自皇帝派定，后来便定出一个规矩，凡增添阁臣，要由旧阁臣会同九卿加以"会推"。所谓"会推"也叫"延推"，即有关廷臣定期会集，先讨论出合适的人选，然后由首辅写出鉴定评语，奏请皇帝批准。只有经过会推，又经过皇帝批准入阁的阁臣，才是符合规范的。若皇帝直接下旨任命，或首辅自行具疏奏请，都被认为是不合法的。崇祯帝任命周延儒入阁为相就被认为不合法，这在后文详述。

　　明朝的这套规矩，是本着《太祖宝训》，务使君臣之间互相牵制而规定的。此外，明朝皇帝在东宫当太子时的主讲老师，入阁也成定例。像张居正就是以此身份高居首辅职位的。明朝的阁臣选任虽有这许多成规和不成文的条例，又有会推制度的形式，而实际上按规办事的却很少，更多地是借着规矩营私其里，这跟宋朝的情况不可同日而语。皇帝、首辅、权臣各树朋党，各拉一帮，故选任往往不得其人，鱼龙混杂，造成阁臣之间争权夺利、党同伐异、互相倾陷等错综复杂的矛盾，内阁之中的派系斗争接连不断。

　　明朝的皇帝除了太祖、成祖是劳模外，后来的简直都很不像话，不要说每天看 20 万字，就是每天看 2 千字都嫌烦，所以大事小事都落在内阁学士的头上，阁臣的重要性日增，地位也日尊。明仁宗时，在不升大学士官阶的前提下，进封阁臣师保、尚书衔，既表示遵守祖制，又提高了内阁辅政的权威性。此后，"大学士"便成了兼职，因为不管怎么说，四殿二阁的大学士官秩始终只有正五品，与翰林学士一样。而给阁臣加了尚书和傅、保之类的职衔，则可以保证阁臣在地位上平视或超过六部尚书，因为"虽居内阁，官必以尚书为尊"。

　　公元 1521 年，那个荒唐透顶的正德皇帝——明武宗朱厚照病死在他那所荒淫的豹房里，其时仅过而立之年。他在临终前说了一句话，也给后人出了一个难题——"天下事重，与阁臣审处之。"不知是人之将死，其言也善，还是出于什么别的原因，总之他要求后来的皇帝把被他抛在一边十余年之久的内阁重新摆在重要的位置上。而他的临终遗嘱却又明显跟老祖宗不设宰相的遗训相矛盾。

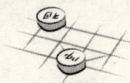

这可怎么办呢？按照中国人习惯的政治智慧，总还是听新版的"最高指示"。后来，他们找到了一个变通的办法，让内阁大学士在入阁前先被任命为侍郎或尚书，或者就是内阁大学士兼某部尚书或侍郎。

内阁设立机构，配备属官，帮助皇帝起草对大臣章奏的批复，即票拟。内阁的地位已经升至六部之上，接近于丞相了，只不过没有丞相的名分。正如后人的议论："如今的殿阁只不过是避丞相之名，怎么能说是没有丞相呢？最初规定殿阁大学士不得压九卿，九卿奏事也不用向内阁汇报；如今九卿的章奏要看内阁的批示，如果任用非人的话，不就会跟胡惟庸一样吗？"

到了这个时候，内阁大学士应该说是无名的宰相了。它与宰相不同的是，人数较多，但是自弘治、正德以后开始出现首席大学士即首辅之后，这些首辅的地位跟从前的宰相更近似了。历史走了一圈又回到它的出发点，朱元璋处心积虑要废掉的宰相制度阴魂不散，变了个样子又复现身了。究其原因，宰相制度乃是中国皇帝制度的必要补充，家天下制度中的皇帝是不能被依赖来治国的，他们更多地是一种权威的象征，而实际处理政事或代行皇帝权威的就是宰相了，所以，废是废不掉的。但是，内阁始终不是明朝中央政权层面中的一个制度规定性的权力机构，没有法定的政治地位。六部自然不甘心于内阁对其权力的侵夺与控制，不甘心听命于内阁，于是凭借其法定的地位与之极力相抗。

阁臣毕竟没有宰相的"名分"，虽然它一直行使着宰相的职权，但对此法律上是不予认可的。一旦朝臣在一些事情上与阁臣意见相左，就可以借祖制来攻击它，不买他的账。这就叫作"名不正言不顺"。

四

不知是不是出于巧合，明朝阁权起伏是按执政皇帝的顺序间隔出现的。仁宣之时"三杨"秉政，阁臣地位自太祖废相后第一次类同于宰相，而到了英宗时期则大大跌落；宪宗时虽然宠信宦官、番僧，但阁臣在成化初有李贤，时人认为"阁臣得君，自三杨后，无如贤者"。其后，还有商辂、彭时，多少算得上正臣，但到成化中期，这两位或退或亡，代之而起的大学士万安、刘吉等均属奸佞之臣，而好在此时内阁的地位倒也还在低谷。至孝宗即位，先后有徐溥、刘健、丘睿、李东阳、谢迁等人在阁，俱是一时名流，孝宗对他们优礼有加，十分器重，因此内阁的地位迅速上升。正德朝，宦官当权，前朝老臣先后辞去，其后入阁者十余人，但都旋入旋退，只有梁储在阁 12 年，说明内阁的地位再度下降。但由于正德驾崩，有遗言委托内阁处理国家大事，于是受到长期压抑的阁臣又有了翻身的机会。这从阁臣的朝班序次可以看出，在景泰以前，阁臣常常列于六部之后，英宗复辟后，徐有贞有夺门之功，被任命为首辅，便排列到六部尚书之前了。从此，内阁有了首辅，后世也就成了惯例。

内阁的翻身在另一方面是因为皇帝更加偷懒。最有名的万历皇帝明神宗，做了几十年的皇帝，有二十几年没有上过朝，政府里的大臣都没有见过他一面；自宪宗成化年以后到熹宗天启年，前后 167 年，皇帝也都没有召见过大臣。皇帝与内阁之间的联系都要通过太监转手。

明代废除丞相制后，传统意义上的"君相制"发生重大异化，君权的发展

明神宗万历皇帝

向非制度型的外延方向转化，宦官正是在这样一种背景下成为政治舞台的重要力量的。

因为内阁之权受制于司礼监，内阁代皇帝起草的诏令以及批复的章奏，都要经皇帝审改同意后，由司礼监的太监用朱笔照抄一遍，才能下发生效。《明史》记载，"内阁之票拟，不得不决于内监之批红，而相权转归之于寺人"，所以，张居正施政，要将司礼监太监冯保紧紧拉住。

张居正看到明朝政治的种种弊端，开始大刀阔斧地实施改革。由于他

做的是"翻烧饼"的工作，自然牵涉面广，遇到的抵触也大。朝臣们开始不配合了，他们说，你张居正又不是宰相，甚至都不是正式的大臣，你只不过是皇帝的老师和顾问。六部尚书才是政府的最高行政长官，他们只须听命于皇帝，并不须听命于内阁。你借着与皇帝的这层关系正式出面来干涉部院的事情，那就是你越权、你揽权！你就是权臣！而权臣就等同于奸臣。

张居正要管事，就发明了一个"考成法"，让各衙门把要做的事情写成一式三份报告，一份给相关办事的工作人员，一份送六科给事中，一份报内阁。给相关办事部门，这个没问题；给事中是属于门下省的言官，官阶只有七品，分别对应六部尚书，设立六科给事中，是专门进行工作监督和提意见的。在当时的政制法理上，一切文件该让给事中过目，这也是不错的；但内阁并无预闻的职权，凭什么要我们六部衙门向内阁汇报工作？明代政制上最大的法理是，内阁大学士不得擅自做宰相！本来嘛，成祖之后这么多年来，朝臣与内阁倒也相处融洽，你尊我三分，我让你七分，即使内阁大学士做了没有名分的宰相，作为朝臣倒也认了；但是张居正你要动我们的利益，那就容不得你做没有名分的宰相了，大明朝自有太祖皇帝的祖训在呢！

而张居正这个人又很铁腕强势，前面说过，他对皇帝都要这么严厉训斥，又岂容朝臣的不配合。于是，他对群僚采取了党同伐异的手法，只要是反对他的异己分子，或贬或流或杀，丝毫不手软。为了中兴大明王朝，他不顾朝中的反对声浪，双管齐下，一边整肃朝纲，一边推行经济体制改革。

他对各级官员实施"考成法"，明确官员职责，规定往来公事必须限期完成，凡拖延积压、违期不报者，以罪论处。在经济上，他推行"一条鞭法"，按照丁、粮派役，把差役转移到土地上，减轻了无地和少地农民的负担，又简化了赋税名目，堵塞了官员盘剥百姓的口子。

张居正以天下为己任，但问题是，这天下毕竟不是你张居正的。大臣特别是言官们对他积怨已深。张居正自万历元年（公元 1573 年）就与言官发生了不愉快的事情，把一位给事中陈吾德连降数级；有一位御史，还是他的门生，给他提意见，说他像王安石，信仰"三不足"精神，张居正一听就翻了脸！须知那时候对王安石的评价可不像现在那么好，甚至很多人认为北宋亡国都是因为王安石的变法，张居正当然要恼了。领导很生气，后果很严重，这位学生立即被贬了职。不仅在中央与台谏官员存在着尖锐的矛盾，张居正还对巡按御史在地方上对地方官指手画脚非常厌恶，想尽办法压抑言官，自然也引起了言官的强烈不满。于是他的另一位御史门生祭起制度赋予的法宝，上疏弹劾张居正"专擅威福"。张居正为辩白自己，伏在天子脚下以辞职相要挟，最终把这位御史门生发配到广西去了。连学生都老是反对自己，张居正实在应该做些自我检讨的。

万历五年（公元 1577 年）九月，张居正的父亲去世了，按儒家的传统礼仪和帝国的官制，官员在父母亡故之后要在家乡守孝 3 年，称为丁忧。这种强制性的休假相当于政治上的间歇性休克，它对于那些处于上升期或执掌权柄的官员来说不啻是一记闷棍。张居正哪里能离开权力中心这么久的时间？一则他还有很多政治举措要推出，二则他也怕政敌趁他不在群起而攻之，所以，他就要求皇帝"夺情"留用他。所谓"夺情"，是指朝廷确实需要某人在朝有重要事务处理，不让他守孝如此长时间。"夺情"的前例倒也有不少，但一般都是由皇帝提出，而现在，张居正居然自己向皇帝提出，这，这，这，成何体统！那些言官见张居正如此贪恋权位，竟不惜违背礼法纲常，便纷纷上疏弹劾，要求"纪检部门"对他的道德堕落进行审查。这些举报和揭批材料在张居正气焰正盛的岁月当然是废纸一张，其结果是，搬起石头砸了自己的脚，包括两位南京御史在内的 10 位官员因此被分别廷杖、遣谪。当然了，张居正与朝臣同僚的关系也不融洽，就是那位唯唯诺诺跟在张居正屁股后面办事的阁臣张四维，只因一次拟旨不合张居正的意，竟好几天被他"厉色待之"。

这样，张居正一死，君臣双方的满腔愤懑便要迸发出来了。只是由于张居正生前的影响力太大，他们不敢贸然发动。直到半年后，神宗皇帝首先发难，清除了张居正的内援、司礼监大太监冯保，于是，整只"烧饼"被翻了过来，而家产被籍没、子孙遭厄运的结局，则表示神宗等人对张居正的痛恨至深至大。这是张居正的悲剧，也是君权与相权不可调和的悲剧。张居正诞生在一个没有宰相名分的时代，是他最大的不幸。

五

明万历四十二年（公元 1614 年），江南是个暖冬。

春节未到，苏州城西黄鹂坊桥的申宅（今环秀山庄）却早早地披红挂绿，跨街石坊、御书"同心匡辟"匾和御赐的严嵩故物红漆大鼓都已整修一新。申家自己的几个戏班，正"咿咿呀呀"地排练着看家昆曲《鲛绡记》，箫鼓之声从高墙内传向街市，平添了几多太平的节日气氛。

这座豪宅的主人、万历皇帝的老师、久已退休归乡的内阁首辅申时行要过 80 寿辰。

从 27 岁状元及第，43 岁被张居正看中入阁，48 岁成为大明朝的内阁首辅，申时行官历三朝，可谓"未壮而仕，未艾而相"。但 57 岁那年，却急流勇退，"未耆而归"，引来一片唏嘘之声。

此刻，申时行将自己的文集、四十卷《赐闲堂集》郑重地交付儿子申用懋，并嘱咐在他死后刻印。为什么要等到死后才将文集刻印？这是老人心中隐隐的痛啊！行将终老，他终于后悔自己尸位素餐的一生！

申时行

申时行是在张居正倒台后出任首辅的，按理说，张居正对他有知遇之恩，而张居正的政策也并非一无是处，申时行心知肚明。但年轻的万历皇帝对前任首辅的仇恨正浓、清算正紧，申时行不敢替张居正说半个字的好话，"悉遵帝旨"，继续清查提拔了他的张居正。万历皇帝为示区别，对申时行这位还算年轻的干部优礼有加，见面都称"先生"，一如当年张居正故事。正史上说申时行"政务宽平"，又说他

"遇事迁就"，事实上，当时朝野也有评议，说他是"吴门软熟"，就像苏州的糯米团子，惯会做和事佬捣糨糊。但申时行却抱定宗旨：但求无过。

申时行小品《四清图》

万历戎装像

身居朝堂之首,他其实是大隐于市。万历三十八年(公元1610年),28岁的同乡后学钱谦益进士及第步入官场。这位春风得意的常熟大才子特地跑到苏州来,向业已告老还乡的申阁老请教为官之道。此时,适逢当时的内阁首辅为一言官竟"封还御批,挂冠而去"。申时行于是大发议论,说"政有政体,阁有阁体",作为皇帝身边的臣子,应该"密勿论思,委曲调剂",不能逞一时之快,任性妄为,图个虚名。谈到兴头上,他送了钱谦益四句话:"安分身无罪,闲非口莫开。温柔终益己,强暴必遭灾。"

张居正之后的明朝宰相,大多都是这样的角色了。张四维、申时行等阁臣都"务为宽大",讲究与皇帝和朝臣一团和气,后来的沈一贯"好同恶异",方从哲"性柔懦,不能任大事",远不能与徐阶、高拱、张居正那一批人相比。相反的,这些阁臣却在朝中拉帮结派,使万历朝的政治十分混乱。

万历朝《平番得胜图》

万历皇帝后期有将近二十年不视朝,既不接见阁臣,对所上本章也置之不理。置之不理的办法叫作"留中不发",放在那里,不说不行,也不说行。有时候,皇帝高兴了,或许批上个把本章,但批语上既不是肯定,也不是否定,更没有具体的意见,就批个"知道了"或者"该部知道",仍旧打回内阁。首辅沈一贯都忍不住私下抱怨:这样模棱两可的批示,跟

"不知道"或者不让"该部知道"有什么不同呢！

从万历二十六（公元 1598 年）到神宗驾崩，除了刑部之外，六部中其他五部的尚书和都察院左都御史之职，均有 15 年以上的空缺，由副职侍郎代理；科道言官的名额本应有 160 人，却减少了三分之二以上；各地方官也大量缺员。但与此同时，因为科举取中或考满等候选补官的人却云集京师，但就是没有旨意选补！

那么宰相都在干什么呢？难道万历皇帝真的不怕有一代奸雄乘机而起，取他这个甩手皇帝而代之吗？皇帝看准了阁臣们没有御批不敢自作主张，这是打击张居正之后带来的直接后果。这种放任自流的办法竟使内阁更加软弱无力，阁臣们拟的旨得不到皇帝的批准，他们又不敢就这样下发实施，用他们自己的话说，那就是"递出递入如登场之傀儡，凭人提算"，把奏章送进去又拿出来，就像身不由己的提线木偶。张居正之后的内阁辅臣害怕落得张居正那样的下场，自然不会授人以"专擅"的口实，能不负的责任尽量不负，一切由皇帝定夺。皇帝不定夺，大家也都不知所措。这一切，如果从源头上说，还是因为朱元璋废除了宰相制，没有了名正言顺的宰相，阁臣们不得不如此了。目睹天启六年（公元 1626 年）"七君子之狱"中父亲惨遭杀害的启蒙思想家黄宗羲在明亡之后总是试图从制度层面去总结明亡的原因，他的传世之作《明夷待访录》，是同时代对君主政体批判最力的著作，其中说："天下之大害，君而已。""有明之无善政，自高皇帝罢丞相始也。"诸多论断，振聋发聩，引人深思。

六

由于朱元璋的权力思维只有皇帝的单边体系而把大臣都看作了他的家奴，因此在这种思想体系的统领下，朱元璋的子孙们对宰辅也是最刻薄寡恩的。我们前面说过，宋代以前，宰相重臣如与皇帝在便殿讨论政务，照例都有座位，君臣行相见之礼后坐着谈话，气氛也比较宽松。唐初以胡床为正式坐具，以跪坐为正式坐姿，为示对皇帝的尊重，宰相重臣跪坐时挺

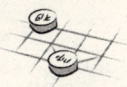

直上身即可了，即使这样，皇帝也每每让宰相们"放松、放松"，不必坐得太吃力；宋太祖撤去了宰相的座位，君臣间只能站立着谈论了，谈话的气氛当然严肃多了，话也说得简单了，于是宋代皇帝便另以宴请重臣的方式来加强君臣感情。这种宴会的礼仪较为宽松，太宗就喜欢在这种宴会上谈文学创作、谈天下大事。参加宴会的宰辅大臣有时还与皇帝一起钓鱼，春花正盛时，皇帝会令人拿出时令的鲜花让官员簪于官帽上面，这种活泼的君臣相会，使品级低的官员十分艳羡。更何况，宋朝还有不杀文臣的誓碑藏于宫中，因此，君臣关系总体来说还是相当融洽。而到了明朝，朱元璋把君主至尊的观念提高了一大步，皇帝可以当着百官的面杖责触怒自己的大臣。

中国官场历来以"刑不上大夫"的古训维护官员的体面，维持官场自身的尊严，宰相等高官即使有罪，也不应该刑讯，不可以公开砍头，而应该由官员自杀。隋文帝要在朝堂上杀大臣，宰相苏威就上前阻拦；唐玄宗在朝堂上想杖责御史，张廷珪也劝谏说"御史可杀不可辱"，因为皇帝当众责打大臣，就是凌辱臣下。而明代的皇帝则将廷杖当作了家常便饭。据说明宪宗以前在朝堂上杖责大臣，还不褪大臣的裤子，并且在受杖者屁股上加一块厚毡，这样受杖者一般不会死，卧床数月也就痊愈了。而到了明武宗时期，大宦官刘瑾为了震慑大臣，改变了行刑方式，杖责时要将受刑人裙裤褪下。这样一来，文弱的大臣即使被打十杖都可能致死。整个明朝，被廷杖打死的大臣数以百计。到了明朝末年，君臣危机更加一发不可收拾。有人统计，明朝最后一任皇帝崇祯帝在位 17 年，换了 50 个内阁大学士（北宋开国至哲宗 130 年间总共才用相 51 人）、14 位兵部尚书，直接被他杀死或者被逼得自杀的就有 23 个。崇祯十四年，被关押在监狱里的大臣多达 145 人，这几乎是当时大臣的十分之一。洪武帝疯狂地屠杀臣子，为他的后代赢来了两百多年的江山；崇祯帝也疯狂地屠杀臣子，将他先祖赢来的江山给断送掉了。

崇祯在吊死煤山的时候曾说过一句著名的话："君非亡国之君，臣皆亡国之臣。"这句话的潜台词还是将亡国的责任都推诿于臣下，"诸臣误朕"，致使江山易手。但事实上，君臣关系原本应该是双向对等的，朱姓皇帝将这种关系垄断成了一枝独大的单边关系，造成了君臣关系的深刻危机。按照儒家传统的思想，"君使臣以礼"，才能使"臣事君以忠"。你们动辄杀大臣，还将人家褪去斯文衣裤当廷打屁股，又怎么能要求人家忠于你呢？事实上，正是有了"君误臣"在先，才有了"臣误君"在后。张居正为神宗所误，他的悲剧教育了后来的明朝宰辅们，明朝官场在张居正之后，就进入了醉生梦死的时期，再也没有人能够出来力挽狂澜、独支大厦了。

那么来看看误崇祯的都是怎样一些宰辅大臣？

周延儒，状元出身，魏忠贤执政时期他依违其间，名声倒不算臭。崇祯即位后内定他为宰相人选。但明代入阁任相需要大臣们"会推"，也即公开推荐，但诸大臣会推的名单中偏偏没有他。皇帝顾不得那么多了，力排众议，任命周延儒为首辅，并以"先生"相称。但这位先生除了善于窥伺皇帝的心意博取皇帝的欢心外，再无他长。明朝当时外有满族紧逼，内有饥民兵变，朝中大臣又纷争不已。周延儒对此漠不关心，反倒是将自己的亲朋家人都委以重任。而这些亲朋家人却都是成事不足败事有余的主儿。终于他被温体仁以包庇同党的罪名排挤出朝，丢了首辅的职位。温体仁执政8年后失势，周延儒又通过勾结宦官，再次入阁拜相，崇祯还亲自向他作揖说："朕以天下听先生。"可是先生其实真没什么大本事，终日只

周延儒草书扇面

知纳贿享乐。清军进击山东时，他为了维持皇帝对他的信任，请求出京赴前线督师。这个举动把崇祯帝感动得不得了，直夸先生是忠臣，又是赏白金又是赐名马，可是周先生出京才走到通县就不敢再前进了，编着一份一份假捷报送去京城骗皇帝。清军抢掠一番后呼啸而去，他又据此报功说是自己打退了敌人，并因此晋级太师。这样的事情从前贾似道也做过，但毕竟瞒不长，可是崇祯帝是个死要面子的人，为了照顾自己的颜面，仍然定性说：周先生功多罪少，仅仅免职处理算了。后来又有大臣相继告发周先生贪污，崇祯才勒令他自杀。

再来看看温体仁。这位仁兄可以用一个字来概括，那就是"假"。他是个一心想当宰相的人，但表面上却装得无欲则刚的样子。当崇祯帝想任命周延儒为相时，大臣们多不同意，大臣会推的人选是钱谦益。温体仁揣摩了皇帝的意图，就开始力推周延儒而攻击钱谦益。周延儒当上首辅后果然投桃报李，将温体仁也拉入内阁。温体仁本是阉党中人，入阁为相后深知政敌颇多，故而做出廉洁的样子，不收受贿赂。但他的清廉只是不要别人的钱，并非真能做好事，甚至他反而以不要钱作为自己肆行打击他人的遮羞布。他每日所思就是排挤别人，终于等到机会把周延儒也整掉了，从此他开始了长达 8 年的首辅执政。但这 8 年来，他对国计民生却无什么建言。后来，他的同党犯罪被杀，他认为自己假作辞职皇帝一定会挽留他，一辞一留，自己的相位就保住了。没想到，这一回圣眷已经用尽，皇帝居然准了他的辞呈。据说，当时温体仁正在吃饭，听说皇帝准了自己的辞呈，连筷子都拿不住掉在了地上。这么一个贪官恋栈的庸人，罢官一年后就失意死去。周延儒、温体仁这两位，后来都被列入了《明史·奸臣传》。

温体仁

崇祯帝信用的另一个宰相杨嗣昌与周、温二位先生不同。杨嗣昌少年成名，他的父亲杨鹤到 40 多岁才中进士，而杨嗣昌 23 岁就中了进士，只比父亲晚了 6 年，在当时人眼中他是个才子。杨氏父子也颇重名节，魏阉专政时他们双双退居林下，因此博得很好的名声。崇祯即位后把这对父子请出山，让老子去对付流寇，儿子对付满洲人。结果，身为总督的杨鹤在镇压农民军中左支右绌，倒是杨嗣昌抵御满洲人颇有些成绩。当时人不明白镇压老百姓比抵御外敌更难的道理，都以为儿子比老子懂军事。杨嗣昌也自命不凡，多次向崇祯提

杨嗣昌

出攘外安内的意见。在与皇帝面谈时，他口若悬河，说得头头是道，让崇祯帝信服得一塌糊涂，立即提升他为兵部尚书，主管剿寇事宜。杨嗣昌建议增兵增饷，以为兵多、待遇好就能打仗。皇帝也一概照准。其实，外敌进逼、农民举兵的根本原因是明朝国力衰竭，史书记载，万历十年（公元 1582 年）当年国库进项为白银 367 万两，而支出却高达 422 万两，超支 54 万两。到了万历三十七年，已是"老库将尽，京粮告竭，太仓无过岁之支"。而国力衰竭的根本原因是官富民贫、两极分化。大批老百姓只好流亡外地"趁食"——混口饭吃。据统计，明朝后期，全国的流民大军已经发展到 600 万之众，占全国总人口的八分之一，局部地区已经是十室九空。杨嗣昌不能整顿官场，重振经济，消除两极分化，却反而增加赋税增加农民负担，致使更多的农民被逼上梁山。而事实上，朝廷加派的赋税也用不到士兵身上，大部分被官吏们贪污了。如此，杨嗣昌的办法对明政府而言简直就是饮鸩止渴，他的增兵、增饷动议将明朝政权的老屋根基都掘空了。

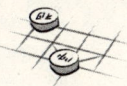

在对付李自成、张献忠时，杨嗣昌设计了一张十面之网，但问题是这张网得有人纲举目张提纲挈领，而他已不是能统一指挥的举网之人了，这张网尚未举起便已经破碎，也就形同虚设了。后来，杨嗣昌以宰相之尊亲赴襄阳督师，但此时明军上下离心，已无战力可言。杨嗣昌在襄阳大帐下令："斩张献忠者赏万金，封侯。"第二天早晨，他的司令部从大厅到厕所到处都写着张献忠的命令："斩杨嗣昌者，送白金三钱。"——杨嗣昌的命在张献忠眼里已经如此不值钱了！果不其然，张献忠由四川突入湖北，夜袭襄阳；而李自成也攻破洛阳，杀了明朝宗室福王，杨嗣昌面对一副自己留下的烂摊子，只好服毒自尽了。

崇祯帝与他的几位"宰相"都是明朝政治造就的典型。他们不知体恤民情是立国之本，要求人民卧薪尝胆，而君相百官却私壑难填。他们无经邦治国的长远计划，却处处为应付目前的急窘而杀鸡取卵、饮鸩止渴。无知人之明，无用人之道，总以为"能自己看的人就称为明，能自己听的人就称为聪，能独断的人，就可以作天下主"（朱元璋语）。他们自以为宵衣旰食就能治国，实则却都是应付琐碎之事。越是频发号令至握发吐哺，越是捉襟见肘显出才能的短板。

大明江山，就葬送在这样的君相手中了。张居正地下有知，不知会作何感慨？他会不会羡慕王安石生在了开明的宋代？

说到宋朝，且来对比一下宋亡与明亡时的情形：

公元 1279 年，世界冷兵器时代最强大的蒙古军队逼近广东的南海崖山，遭遇南宋水师的顽强抵抗，崖山保卫战成为蒙古人征战史上付出代价最为惨烈的一场战斗。由于力量过于悬殊，宋丞相陆秀夫背着 8 岁的小皇帝蹈海自尽，"后宫诸臣，从死者众"。"越七日，尸浮海上者十万余人。"

公元 1644 年，李自成攻破北京城，崇祯帝令太监敲钟召集大臣，却无一人上朝。树倒猢狲散、林尽鸟兽走。成了孤家寡人的皇帝只有太监王承恩一人陪同，来到宫后的煤山之上上吊自杀，死后让王承恩以巾覆面，无颜见祖宗于地下。

一个悲壮、一个凄凉，两个朝代的君臣之道在这里都得到了答案。

....

第十章

大清朝的权力脐带

　　范文程辅佐四世清主享尽荣华富贵，却
在奉命祭告皇太极陵寝时痛哭流涕不能自己，
任是旁人拉他都拉不起来，他是出于什么样
的心态或者是心里有多大的委屈？大清朝的
宰相为什么诚惶诚恐成了完完全全的奴仆？
历史走完了从萧何开始的一个大大的循环，
而终于没有走上西方民主和议会政治的道路。

一

清康熙五年（公元 1666 年），辅佐
四世清主的宰辅大学士范文程逝世了，
终年 70 岁。在此之前的康熙二年，范
文程曾奉命去祭告太宗皇太极的陵寝，
这位老人趴在故主的坟前痛哭流涕，不
能自已，任是旁人拉他都拉不起来。

事实上，作为清朝的开国元勋，后
代的皇帝都对他优裕有加，顺治帝亲自
派画师到他家里去画了他的画像挂在皇
宫不时观看；他死后，康熙帝也悲痛不
已，亲自动笔为其撰写祭文，赐葬于怀

范文程

柔县之红螺山，立碑以纪其功绩。几十年后，康熙对这位大清朝的开国元
勋还念念不忘，亲笔书写了"元辅高风"四个字，送去作为范文程祠堂的
横额。

那么，范文程在皇太极陵前趴在地上悲伤痛哭又是出于什么样的心
态？是感怀故主知遇之恩？是自知自己天年已尽？还是心里有什么大的委
屈呢？

范文程是汉人，据说，他的 17 代祖先为宋朝宰相范仲淹。作为宰相
的范仲淹，远没有作为文学家的名声响亮，他的那篇《岳阳楼记》、那句
"先天下之忧而忧，后天下之乐而乐"的名言，传诵千古广为人知，而作

为宰相的功业倒少有人知晓。其实，范仲淹还是一个不错的宰相，他主持的"庆历新政"也算是宋朝历史上一次重要的变法图强运动。他还在家乡苏州搞过一场"共产主义实验"，由他出资购买田地让范氏族人合族居住、平均福利，称为"范氏义庄"。这种义庄的模式作为农村自治的样本一直延续到民国时期。不过，范文程这一支显然是不在苏州义庄里的，他们是范仲淹在江西的后人。明朝初年，范文程的先祖从江西被贬谪去了关外的沈阳。但此后，他们家仍祖祖辈辈食明朝廷的俸禄，他的曾祖在明嘉靖时曾任兵部左侍郎，相当于国防部副部长；祖父范沈也曾任明沈阳卫指挥同知，军分区副司令的级别。但虽说祖上做过宰相，但从范文程的父亲开始，范家已经跟官场无缘了。范文程 21 岁时还只是个县学的生员。命运并没有对这位名门之后特别垂青。

万历四十六年（公元 1618 年），后金八旗军攻下抚顺，范文程主动跑去求见努尔哈赤，开始效力后金。

这在当时实在是个风险极大的选择。正统的观念历来重视华夷之辨，背叛本民族更是要被千夫所指。然而，汉人为异族所用，担纲异国宰辅的故事并不是从范文程开始的。五胡乱华时期氐族前秦的宰相王猛就是一位汉人，他与前秦主符坚的君臣际会甚至被看作是诸葛亮与刘备君臣关系的翻版。

像王猛这样到异族那里施展抱负，在儒家的评价体系中却出人意外地得到了宽容。孔夫子说："道不行，乘桴浮于海。"当自己的国度、自己的君主无法施行仁政让人尽其才时，作为人才有选择的权力，所谓"良禽择木而栖，良臣择主而事"。民间更有通俗的说法，叫："此处不留爷，自有留爷处。"而要使野无遗贤，"天下英雄尽入吾彀中"（唐太宗语），当然是理想的状态。君主则又把这个责任推给了宰相——使天下人尽其才，也是做宰相的职责。武则天读到骆宾王为叛军写的《讨武曌檄》时，感叹宰相没有把这样的人才揽在帐下是宰相的失职，就是这个道理。为了把人才都控制、利用起来，从隋唐开始，中国发明了科举制度。这样，宰相选用人才就有了机制上的保证。然而，"楚材晋用"的事毕竟还是历朝都有，到

了北宋，又有落第书生张元、吴昊叛逃西夏，做了西夏的宰相，加剧了宋帝国的西北边境之患。南宋洪迈在《容斋随笔》中评价此事说："连兵十余年，西方至为疲惫，职此二人为之也。"

如此看来，范文程投身大清龙兴的事业也就用不着背负多少的道德包袱，哪为何还要痛哭流涕，伏地不起呢？范学士到底受了多大的委屈呢？

在异族的饭碗里吃饭岂是一件容易的事！做异族的"宰相"当然也就更加如履薄冰。

都以为范文程生前风光、死后哀荣，虽不如诸葛之遇玄德，总也可比王猛、张元、吴昊诸人，但其实，范文程个中的感怀，却是"如人饮水，冷暖自知"。

史书也透露了他与多尔衮关系不睦的讯息。但他与多尔衮之间的恩怨并不起于多尔衮权倾朝野、有威逼幼主寡母之势时，范文程并不是一个铁骨铮铮的耿介之士，不会去与多尔衮正面冲突、鸡蛋石头碰。他们两人的梁子实在是早就结下的。

崇德六年（公元 1641 年）三月，皇太极知悉睿亲王多尔衮等王公统军围攻锦州时，离城远驻，又私自派遣部分官员兵丁返家，以至于明朝守兵得以出城运粮入内的事后勃然大怒。皇太极

多尔衮

派人去调查，其中就有内院大学士范文程。范文程等传达了皇太极的谕令后，多尔衮等人承认罪过。范文程便向皇太极如实汇报了调查结果，皇太极更为恼怒，谕令多尔衮等自议其罪——自议其罪，确实是一个颇有讽刺意味的惩罚，自议的结果是：多尔衮自议死罪，王子豪格也上奏死罪。这

样的自议结果当然是偏重的，你可以理解为他们反省深刻、认罪态度好，但也不排除里面包含着某种怨气的成分，尤其是以多尔衮、豪格这样戾气性格的人而言。那么怨谁呢？皇太极当然不敢怨，迁怒于范文程之心总还是有的。范文程等将此情奏报，皇太极予以宽减，降多尔衮、豪格为郡王，分别罚银一万两、八千两并夺二牛录、一牛录。第二天，多尔衮等人都到议政衙门，皇太极又让范文程做了一回恶人，让他将多尔衮、豪格等人尽数逐出议政衙门。这样一来，一个异族的谋臣就得罪了一大批满族的权贵。

报复的机会马上来了。

崇德八年（公元 1643 年）八月初九日，皇太极去世。诸王贝勒大臣议定，立皇太极之第九子福临为帝，改元顺治，以郑亲王济尔哈朗、睿亲王多尔衮辅理国政。顺治继位后，八旗贵族内部各派的争斗仍在进行。郡王阿达礼、贝子硕讬（礼亲王代善的儿子）向郑亲王济尔哈朗、礼亲王代善、睿亲王多尔衮游说，谋立多尔衮为君。代善、多尔衮却将他们的阴谋告发给诸王贝勒，遂以扰政乱国的叛逆罪，将阿达礼、硕讬处死，籍没其家。而范文程原是正红旗硕讬的属下人员，此时被拨入镶黄旗。范文程刚刚避免了因故主硕讬乱国而险遭不测之祸，不久又遇到了新的麻烦。摄政王多尔衮之亲弟豫郡王多铎欺负范文程，抢夺了范文程的妻子。

对于一个男人来说，这实在是令人冲冠一怒的奇耻大辱。然而，范文程身在清营，他怒得起来吗？后来，总算是其他的满族权贵看不过去了，替他出头仗义执言，经过一番周折，诸王贝勒审实后，决定归还范文程妻子，罚多铎银一千两，夺十五个牛录。

范文程继故主被戮后又遭受妻室被霸之灾祸，虽然化险为夷，但仍不免忧心忡忡。多铎乃一旗之主，贵为亲王，又系摄政王多尔衮之同母亲弟，他与多尔衮兄弟俩的怨结看来是难以化解了。

摄政王多尔衮率清军入主中原以后，权势急剧膨胀，初晋叔父摄政王，再升皇叔父摄政王，顺治五年竟当上了皇父摄政王，大有取代福临帝位之势。范文程蒙受皇太极特恩殊宠，知恩图报，竭力效忠朝廷，誓死不

忘故主，但此时，见朝政日变，多尔衮权大逼帝，同僚刚林等人都背主转附多尔衮，福临之位岌岌可危，不禁心中郁闷。眼前只有两条路可走：要避免加害，就得离弃幼君投靠多尔衮；要想保持气节，忠贞不渝，就要开罪皇父摄政王，身家性命难保。左思右想，进退两难，最后，范文程决定托疾家居。此情当然又引起多尔衮的不满。因此，尽管范文程于开国定制大有贡献，威望甚高，从顺治元年起就名列大学士之首，但摄政王对刚林等三位大学士更为信用，范文程逐渐被排除于议政之外。

倒也正是他这种超然的态度和靠边站的地位，使得范文程没有在多尔衮倒台后受到牵连。几番大起大落，政治的风谲云诡统统尝遍，范文程会不会后悔当初的选择？这是不是他在皇太极陵前痛哭流涕难以自已的原因呢？

二

清承明制，也没有设宰相。清人入关之前，决定国家大事的是带有部落民主议事遗风的"王大臣议政会议"。在这样的议政会议上，像范文程那样的汉族大臣当然是没有表决权的，而最多只是作为参谋的角色发表自己的意见。

到了皇太极继承汗位后，范文程才被提拔重用。当时，范文程只是一个小小的章京，但皇太极对他的倚重却非同一般，甚至到了言听计从的地步。每遇军国大事，都要与之商量。每议政时，皇太极都要问："范章京知否？"大臣们遇到棘手的事情，皇太极便会建议："何不与范章京议之？"甚至范文程因病告假，许多事情也要等他痊愈后裁决。

清太宗皇太极

对于一个汉族知识分子的倚重，皇太极已经到了无以复加的地步。而范文程也确实为大清国的开国洪业立下了汗马功劳。崇德元年（公元1636年），范文程升任内秘书院大学士，开始的时候，皇太极对范文程起草的敕书还要过目审阅，到后来，便不再详审以示完全放心。

而就在同一年，另一个与范文程一样为大清国开国立下显著功勋的汉族大臣宁完我却被罢黜了，丢了二等甲喇章京的职务，丢了田庄与奴仆，又回到昔日的主人萨哈廉贝勒家为奴。

宁完我被罢黜的直接原因据说是因为他沉湎于喝酒和赌博。这是他多年养成的恶习，当然与一名朝廷命官所该具备的品行和操守不相符合。对此，皇太极曾多次加以申饬，但宁完我屡教不改，总是故态复萌。这是清国初年官方的解释。但事实上，宁完我的性格才是他遭罢黜的最根本原因。

这位与范文程一起最被看好"入阁拜相"的汉臣，性格却与范文程截然不同。在皇太极看来，范文程温和内敛、沉毅稳健；宁完我却急躁狂傲、孟浪轻率。他的进言也往往有一种直逼人主的尖锐，而这当然不能令皇太极欢喜。说到底，大清朝所需要的是唯命是从、百依百顺的奴仆，而不是有血有肉、有棱有角、具有独立思想的人。虽然是异族，大清朝的权力脐带居然与明太祖朱元璋一脉相承！

到了清军入关后，清政府也仿照明朝制度设立内阁。内阁票拟批答都要上禀皇帝裁决，内阁的权力较明代已经小得多了。但清代的内阁大学士品秩很高，是正一品高官，清朝的内阁有满族大学士与汉族大学士各两名。清宫里的文华殿、武英殿就是当时内阁学士办公的地方。这时候因为天下尚未底定，正是用人之际，要收拢汉族人心，所以表面上看，还较平等。内阁事权虽轻，仍是中央的最高行政机构，对皇帝独裁多少有点限制。

清帝入关后，从顺治到康熙两代一直试图进一步削弱内阁权限。另外，到康熙朝时，议政王大臣会议的权力已逐渐减弱，因为要管理的国家事务已经不像在白水黑山间决定打不打仗那么简单了，担任议政王大臣的贵族世爵们不谙国务，却负有裁议之职责，不免有延误军政大事之处，于是，一个新的机构便酝酿而产生了。

据说，清朝皇帝的祖训是"黎明即起，万机待理，勤政爱民，事必躬亲，子子孙孙，不可忘乎！"所以，清朝的皇帝都比较勤政，清代诸帝都是独自批阅奏章的。康熙帝说："今天下大小事务，皆朕一人亲理，无可旁贷。若将要务分任于人，则断不可行。所以无论巨细，朕心躬自断制。"《康熙西巡日录》记载了这样一件事：平阳知府秦棠在回答康熙"一日可办多少件事"的问题时，为了显示自己的能干，诡称"一日可办七八百件事"，被康熙抓住了把柄。康熙说："朕临御四十余年，惟于吴三桂变乱时，一日尝办事至五百余件。然非亲自操笔批发，尚至午夜，始得休息。"所以，他以为秦棠骗人找错了对象。

清代画家徐杨的《乾隆南巡图》（局部）

"三藩之乱"时，康熙年仅18岁，精力充沛，当然可以事必躬亲，但到后来，事务越来越繁多，精力也越来越不济，所以康熙帝就在南书房组建自己的秘书处，挑选"才品兼优"的词臣充任其中官员。这些词臣一般都是翰林出身，但不分品级，从尚书到编修、检讨，都可入值。他们均为皇帝的亲信，被称为"南书房行走"。他们的职责除了陪伴皇帝赋诗填词、写字作画外，主要是秉承皇帝旨意，起草诏令，发布谕旨和处理机密奏章，故而南书房实际上是一个人数不定的非正式的御用机构。

南书房的出现使得部分的机密政事越过了议政王大臣会议和内阁，直接由处于皇帝身边、便于皇帝控制的机构来处理，皇权因而得以大大加强，权力终于从内阁转到了南书房。

而南书房的设置又成了雍正朝军机处的雏形。雍正皇帝跟康熙一样勤政，也是亲拆奏折、亲阅亲批。尤其是各地直接送达的密折，他都用朱笔一一批阅，而且每折必从头至尾仔细阅读。少则二三十件，多则五六十件。这些密折，是在白天坐朝和延见群臣之外进行的，所以一般都是晚上在灯下批阅的。学者们估计，雍正在位 13 年中，最保守的看法，至少批发奏折 22000 余件，部本（京官奏章直接送内阁）、通本（地方官奏章经通政司转送内阁）19 万余件。

雍正年间，有个叫陆生楠的汉人劝谏这位满族皇帝应该"无为而治"，不能事必躬亲，居然被"军前正法"！其实，陆生楠的言下之意是要求皇帝恢复宰相制度，这样的建议要是放在明朝按照朱元璋的祖训也是要杀头的，只不过明朝的人没人敢提，倒是清朝的陆生楠为此丢了脑袋。

宰相在国家的政权机构中失去作用甚至被废，所造成的后果是十分严重的。明末清初的大学者黄宗羲在其著作《明夷待访录》中就把废除宰相以后所产生的弊病分析得十分透彻：天子传子而宰相选贤，传子制度无法改变，虽说龙生龙凤生凤，但龙子龙孙也未必都不去学老鼠打洞，遇到天子昏庸无知，如果有贤相加以辅佐，政局或可维持稳定，三国时期蜀汉诸葛亮辅佐刘禅就是一例；而废除了宰相，一旦天子昏庸无能，就无人可以匡救时弊。明清两朝皇帝把行政管理和行政监察权集于自己一身，官场的状态完全由皇帝一人决定，君相争权的现象当然是减少了，但行政决策过程缺少监督的问题反而更为突出，其危害比君相制衡并不稍少。这是君权与相权矛盾激化所产生的严重后果，也是君主专制走不出的政治死胡同。说到底，君主以国家为私人产业，把宰相视若奴仆而尽收其权以为己有，宁可坐视国家民族大局日趋衰微，而不肯交给宰相以救治之权力。可见君主之极权专制，势必导致国家民族积贫积弱的恶果。

然而，君主的极权专制在清朝三百年里却表现得最为彻底。

就雍正而言，他的性格与康熙又有所不同：康熙颇喜风雅，所以选用词臣填充南书房；而雍正对赋诗填词、书草作画不太有兴趣，他的作风是单刀直入要管理军国大事，所以就设置了军机处。

军机处的前身是"军机房"。当年对准噶尔部用兵，为应急处理军需物资的调拨等有关事宜，特在户部别立"军需房"。要调拨军需物资，必然涉及军队调动的情报及联络工作，而军报的迅速传拟与严守机密尤为重要，于是雍正又从内阁与六部中挑选亲信，组成一个新的机构"军机房"，以迅速处理战时的机密文件。到了雍正十年，正式改称"军机处"。从此，军国大事由军机大臣面奉皇帝意旨，拟成诏旨颁发，内阁与"王大臣议政"都形同虚设。军机处有两种人员，一是军机大臣，二是军机章京，他们都是带着原来的官衔前来兼任军机处工作的。军机大臣由满汉大学士及各部尚书、侍郎中选定，初仅3人，后增至4到8人，为首者为领班，即首席军机大臣，称"首枢"或"首揆"；军机章京是军机大臣手下的办事人员，从六部司员和内阁中书中选拔，要求是有较高的写作水平并能写一笔好的正楷字。章京也是满汉人员各两班，每班八人，各设一领班。章京

西洋画报里的军机处

参与机要，草拟圣旨，俗称"小军机"，官虽不大但权不可谓不重。雍正时军机章京多由五品官充任，到了光绪时，谭嗣同已是四品的军机章京，从品秩的提升也可看出其重要性的上升。军机处办公没有专门的衙门，清宫三大殿后面、乾清门外西侧有一所很小的屋子，就是军机处的值班室，称值房。乾清门是前殿与后宫的分界，军机处就处在这个分界上。一般人没有"军机处行走"的身份是不能擅自闯入军机处的，擅闯军机处者斩，这是雍正帝立下的规矩。

军机处的人员正式称呼是"军机大臣上学习行走"和"军机大臣上行走"，表示这些大臣都是临时充任内廷的差事，不是正式的官职，但当时的官场，凡进入军机处为军机大臣，就相当于"拜相"，所以习惯于在他们的名字后面以"相"相称，如道光朝的穆彰阿就称为"穆相"。

虽然称"相"，地位显赫，但军机大臣必须绝对地听命附属于皇帝，没有丝毫独立行动和决策的余地，"只供传述缮撰，而不能稍有赞画于其间"。他们的一举一动，都在皇帝的授意和监视之下进行，必须处处谨慎、事事小心。到了乾隆年间，又出台了单独一人不能承旨、个人不作书谕的规定，使军机处真正达到了雍正设立时如"人之使臂，臂之使指"的要求。从根本上讲，军机处的神秘特征是反公开、反监督的，这种神秘化的政治倾向即使相较于内阁制来说，也是一种明显的倒退。

明朝的内阁虽无宰相之名，毕竟还有些宰相之实，对君权也拥有一定的制约作用。当皇权妄为时，他们或拒不草诏，以死相抗；或集体辞职，破釜沉舟。这方面的例子不胜枚举，代代皆有。而清朝则不然，它在高扬君权、强化君权的同时，已经把儒家传统政治结构打翻在地，臣子已完全匍匐在君主面前，三拜九叩，诚惶诚恐，成了完完全全的奴仆。

三

宋以前的宰相照例是可以与皇帝一起坐而论道的，到了宋太祖时撤去了宰相在朝堂上的座位只能站着说话了，而清代的大臣参见皇帝行跪拜礼后，不再站起来，只能跪着回答皇帝的问话，这是中国历代臣僚在皇帝面前最卑微的举动。即使每天见皇帝的军机大臣，在这方面也毫无优待。清代还规定，凡满族官员在皇帝面前必须自称"奴才"，汉官则自称"臣"。

满族官员对皇帝称"奴才"，倒并不是贬低他们，恰恰倒是表示一种亲近感，反映他们与皇帝之间特殊的民族感情及政治隶属关系，这是满洲人的传统。但在汉族官员看来，"奴才"两个字五千年沉淀下来总觉得包含有卑贱含意，有辱臣子的斯文和自尊，也不能很好地体现儒家规定的君臣之间明确的政治关系与必要的礼仪。

儒家倡导的理想政治是"君使臣以礼，臣事君以忠"。如果做臣子的都沦为了奴才，忠倒是没话可说，可还哪来的礼啊？称谓当然是表面的小事情，但它体现的实质却是君臣大义。名不正则言不顺，孔老夫子早就说过了，所以正名是很重要的。自从汉朝的孙叔通制定朝仪以来，没有一个朝代是把臣子看作奴才的。

与满族合作的汉人尽管已经失去了旧日自我标榜的社会理想主义者的自信心，但在这方面还是做过一定的努力的。范文程就给努尔哈赤、皇太极讲过秦亡的教训。秦始皇实行一种"独制天下而无所制"的极端专制统治模式，其结果是"二世而亡"。这种政治模式片面强调了君主对臣下的绝对的单方面的制约作用，而丝毫不承认臣下对君主也应该存在着一种反作用力的制约关系。绝对的权力意味着绝对的腐败，当君权如同脱缰野马一般无所约束时，它对社会的作用也一定是洪水猛兽般的；而另一种模式就是汉唐提倡的"君臣同体、君臣同治"，所谓水能载舟也能覆舟，"一人之虑"总是有限，群策群力才能"鲜有败事"。他当然不会讲得这么直白，但满族的统治者们还是听进去三分的，所以清初制度，允许汉官称"臣"而不必口呼"奴才"。

清初的皇帝们似乎也意识到"臣"的称谓更能维护百官的尊严，体现君臣同体、君臣同治的精神。所以雍正皇帝就决定整顿旗务，对旗官予以规范，让他们也一律改称"臣"。这虽然不像赵武灵王胡服骑射或者北魏孝文帝推行汉化那么来得困难，但要让做惯了"奴才"的满族官员一时改口，也颇费周折。对那些习惯于称"奴才"的，雍正帝只得亲自多次替他们纠正。

然而，游牧民族领袖的特性决定了清朝的最高统治者更倾向于乾纲独断的统治方式，所以雍正的改革到了他儿子乾隆手里便宣告作废了。

随着江山的稳固，乾隆皇帝的自信心大增，他相信自己是普天下最聪明无比、最明察秋毫的人，大小权柄应该由他一人操纵，而不许任何臣僚染指。他的文治武功使他在内心潜意识里十分蔑视臣僚，为了强化臣僚的奴化意识，他一改乃父的做法，甚至进一步要求汉族官员也向他称"奴才"示忠。

乾隆三十五年（公元 1770 年），汉族大臣周元理与满族官员西宁、达翎阿联名上了一道奏折，内容是请求消灭、根除蝗灾。这道奏折的内容无可非议，就像今天要求保护妇女儿童合法权益的议案总是正确的一样。问题是乾隆皇帝对三个人的不同署名感冒了：西宁等满族官吏在名字前恭恭敬敬地署上了"奴才"两个字，而周元理按例只向皇帝称"臣"。两种称谓并列在一本奏折里，乾隆皇帝看了很不舒

意大利籍清宫廷画师郎世宁笔下的乾隆

服，他御笔朱批："臣"并不比"奴才"为尊，二者本质是一样的，"臣仆本属一体，均系奉上之称，字义虽殊，其理则一……此次三人会奏之折，西宁名列在前既称奴才，则达翎阿、周元理自当连名直写，又何事妄生区别于其间耶？若谓周元理不屑随西宁同称，有意立异，是视周元理身份太高，谅彼亦不敢萌此念。但此等节目必拘泥若此，又何其不达事理耶？可

笑之至！"

乾隆也知道汉臣周元理绝不敢轻视满人，因为你本身就在满人的朝廷里当差；但他还是责怪周元理，因为在乾隆看来，"奴才"是多么亲切的称呼啊！只有口称"奴才"才是咱自家人的表示。从白山黑水出来的人一直这么叫着，多好啊！作为皇帝，我已经满汉一家，将你们一视同仁了，而你们这些汉臣怎么就给脸不要脸，硬是要搞出区别来，这不是自绝于我们满族人民吗？他也知道汉官称臣是旧制，但他还是认为周元理太拘泥旧制，可笑之至。

其实，周元理在署名前也许根本没有考虑那么多，他只是按照惯例来做，但没想到乾隆要改一改这个惯例了，于是，他晦气，拿他开刀。周元理的不受宠是可想而知了。

皇帝的御批传出去后，那些见风使舵的汉臣连忙在奏折里改署了"奴才"。明朝末年那种虚幻的道德英雄主义早已被抛弃，称谓上的变化难道还会引起某种道义上的不安？于是满朝一片奴才声，乾隆听着一定很舒心。

直到乾隆晚年，皇帝突然听着满耳的奴才声，觉得也有些不雅了，才又下了一道圣旨，规定今后除请安、谢恩的奏折外，其余一律称臣，不要再称奴才了。

一场称谓的风波到这里有了定论，满汉臣僚虽取得了称臣的资格，但其奴才的本质却一再强化下去，并且影响着后世的官场习性。跪拜、跪谈与臣僚自称方面的区别，都增添了臣下的自卑感。

清朝慈禧太后执政时，久经沙场、以数十万生灵之血染红了顶戴的湘军名帅左宗棠第一次进京觐见太后和小皇帝。左宗棠的性格是位睥睨自雄的人物，当他还是一名没有任何官职的举人时，就以诸葛亮自许，号称"今亮"。进入官场后，更是顾盼自雄没有把谁放在眼里。可就是这样一位人物，当他进入大殿摘帽叩头后，竟然紧张起来。太后与他交谈数语，示意他"跪安"出殿，他却紧张得把帽子都忘在了大殿的地上。慈禧令小太监拿着官帽送还给左宗棠，小太监乘机向左宗棠勒索了三千两银子。而左宗棠出宫后对人说："吾从今天起才知道什么叫天威咫尺啊!"——以英雄自诩的左宗棠,在妇人面前一跪,臣仆意识马上就出来了。

四

内阁大学士领军机大臣虽被视为宰相,但因为军机处是个临时机构,人员也都是临时兼职的性质,所以皇帝进退军机大臣并不难,这是清朝皇帝出于皇权私心的制度安排。咸丰皇帝驾崩后,慈禧联合皇帝的弟弟恭亲王奕䜣一举将咸丰临终时任命的八位顾名军机大臣免职,并将为首的肃顺、端华等人送上断头台,当时的人们虽感到震惊,却仍然认可了。后来,慈禧太后又以一纸诏令将恭亲王赶出了军机处,人望甚高的恭亲王也几无还手之力。可见军机大臣离开了皇权,什么事也做不成,军机处不由皇帝交办无权可用,完全是皇帝的附庸,与传统意义上所谓的相权实在已经不可同日而语。

对此,乾隆皇帝在他的上谕中早就详尽阐述了清朝绝对专制的状态:"夫宰相之名,自明洪武时已废而不设,其后置大学士,我朝变相沿不改。然其职仅票拟承旨,非如古所谓秉钧执政之宰相也。"他还批驳了"天下治乱系宰相"的观点:"若以国家治乱,专倚宰相,则为人君者,不几如木偶旒缀乎?且用宰相者,非人君者其谁为之?使人君者深居高处,以天下之治乱付之宰相,大不可也;使为宰相者,居然以天下之治乱为己任,而目无其君,此尤大不可也。"同样,对于"圣君贤相"的传统政治理想,乾隆也表示反对:"朕以为本朝纪纲整肃,无名臣,亦无奸臣。何则?乾纲在上,不致朝廷有名臣、奸臣,亦社稷之福耳。"

乾隆认为无名臣是国家之福,这从另一个侧面反映出在清朝的绝对专制统治下,臣僚不能发挥其才智,也不被允许建功立业扬名立万,只有皇帝绝顶聪明、绝对圣明。清朝在大部分时期里无名臣倒是实情,而乾隆自诩的无奸臣却未免太过自信,他手下的宠臣和珅贪污总额合算白银 10 亿两,当政 20 年所贪财产超过了清政府 10 余年的总收入,不是奸臣还是什么?

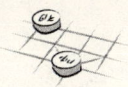

　　传统官场中的文臣领袖落到清朝的大学士、军机大臣似提线木偶般的状况，是两千余年君相权力相消长，而终以君权取得最后胜利的结果。

　　从清朝的历史来看，洪杨起事之前，也就咸丰朝前基本都是满人掌握朝纲，顺治朝有多尔衮；康熙朝有明珠、索额图；雍正朝前有隆科多，后有鄂尔泰；乾隆朝有和珅；嘉庆朝有阿桂；道光朝有穆彰阿，汉臣是很难有所作为的。

　　雍正朝的张廷玉虽然位列极品，但他身上只有两个突出的特点，那就是"柔"和"顺"。他有一句名言："万言万当，不如一默。"他襄赞雍正13年，几乎雍正朝的每一项重要决策他都参与过，但在《清史稿》中提及他的功绩却只有3件微不足道的小事，比如建议对守节15年的妇女加以表彰之类。

　　道光朝的另一位军机大臣，23岁状元及第，时为武英殿大学士加太傅衔的潘世恩，仅从官衔上看起来完全可以与穆彰阿分庭抗礼。但他却自觉跟在穆彰阿屁股后面，"以顺承旨意为工"，除了拍马屁之外，"无他语也"。至于其他方面，嘴巴很紧，"有所论列，终不告人"，心里有什么想法，从来不跟人说。《清史稿》对他的评价与他那位前朝的苏州同乡申时行在《明史》中得到的评价几乎如出一辙："恪恭保位者耳。"——只想保保乌纱帽的人而已！《清朝野史大观》中则更记录了当时流传的一副嘲讽他的对联："著著著，主子洪福；是是是，皇上圣明。"——是是是，皇上圣明！一个汉族官员在满族政权里还能怎么着呢？

　　这种状况一直到洪杨之乱、湘淮军崛起才有所改变，曾国藩、左宗棠、李鸿章、张之洞等汉族大臣有了更大的发言权，但是这种发言权也不同于宰辅在朝堂上的决策，而基本上是以地方大员的身份影响朝政。

　　第二次鸦片战争后，大清国被迫同意外国公使常驻北京，外国人可以自由到内地游历、传教，同时增开了大批商埠，涉外事务大大增加，而此前，清政府没有专门的中西外交机构，除了理藩院、礼部兼理某些涉外事务外，中西交往一般均由两广总督出面。现在洋人都驻到北京来了，再由两广总督出面总说不过去，于是，主持与英法联军谈判、订约的恭亲王奕诉会同大学士桂良、侍郎文祥，联衔奏请成立专司外交的机构"总理各国通商事务衙门"，立即得到咸丰帝的批准，并于咸丰十年（公元1861年）十二月初十正式挂牌成立，衙门仍由上述提议的三人负责，办事人员则从内阁、部院、军机处中各选满、汉8人为定额。"总理各国通商事务衙门"简称"总理衙门"，从其名称来看已经渐有与世界接轨的味道，其职权除了主持外交事务外，兼管各路军务、海关等。在洋务运动开展后，诸如向国外购买枪炮、机器、船只，聘请外籍技师、教官等，均经此衙门办理，事实上，到了清朝末年，外交已成了最大的政务，因此总理衙门的职权很快上升至可与军机处并列，乃至超越其上。

一会儿南书房，一会儿军机处，一会儿又整出个总理衙门，中央没有一个强有力的宰辅机构、行政中心，地方必定因此而坐大。在明代，布政使是最高地方首长，这个官职顾名思义当然是侧重行政管理；总督、巡抚的官职也有，但不是常设的，有事派出，事完撤销。而清代，沿袭其一贯的军事统领原则，在布政使上面又常设有总督、巡抚，布政使成为其下属，督抚就变成正式的地方行政首长。太平天国之后，湘军淮军力挽狂澜，因此地方督抚也大多掌握在了汉人手中。

庚子年闹义和团，清廷宣布对西方列强开战，湖广总督张之洞和两江总督刘坤一在买办官僚盛宣怀的策划下，宣布"东南五省互保"，不参与对列强的战事，各国列强上海领事团当即对此"致以最高的赞美"。后来两广总督李鸿章、山东巡抚袁世凯等地方督抚也先后表示赞同并加入"互保"，范围扩大至十多个省。朝廷在宣战打仗，地方却宣布中立不参与战斗，这样的事情也只有发生在清末诡异的政局下，可见大清国的全国上下已经不再一盘棋了，而八国联军也终于未向南方用兵，客观上倒是保住了清国的最后一点元气。到了光绪末年议定新政，也是在地方势力的倒逼机制下实行的。可以说，正是因为中央缺乏强有力的宰辅机制，没有一个行政中心，才致使地方坐大，最终对中央形成倒逼。

历史走完了从萧何开始的一个大大的循环，最终把奕劻推到了前台，终于将两千多年的宰相制度作了一个最后的终结。